대한민국 행복 프로젝트

국가의 존재 이유는 무엇인가

국가의 존재 이유는 무엇인가

초판 1쇄 인쇄 2015년 02월 24일
초판 1쇄 발행 2015년 02월 27일

지은이   권문규·천영선
펴낸이   손 형 국
펴낸곳   (주)북랩
편집인   선일영   편집   이소현, 이탄석, 김아름
디자인   이현수, 김루리, 윤미리내   제작   박기성, 황동현, 구성우
마케팅   김회란, 박진관, 이희정
출판등록 2004. 12. 1(제2012-000051호)
주소   서울시 금천구 가산디지털 1로 168, 우림라이온스밸리 B동 B113, 114호
홈페이지 www.book.co.kr
전화번호 (02)2026-5777   팩스   (02)2026-5747

ISBN   979-11-5585-489-1 03340(종이책)
        979-11-5585-490-7 05340(전자책)

이 도서의 국립중앙도서관 출판예정도서목록(CIP)은 서지정보유통지원시스템 홈페이지(http://seoji.nl.go.kr)와
국가자료공동목록시스템(http://www.nl.go.kr/kolisnet)에서 이용하실 수 있습니다.
(CIP제어번호 : CIP2015005692)

국가의 존재 이유는 무엇인가

대한민국
행복 프로젝트

THE EXISTENCE OF NATION

권문규 · 천영선 지음

북랩 book Lab

이 땅에 사랑, 정의, 생명존중, 윤리, 도덕, 철학적 가치의 융성을 소망하며

하늘엔 조각구름 떠 있고 강물엔 유람선이 떠 있고

저마다 누려야 할 행복이 언제나 자유로운 곳

뚜렷한 사계절이 있기에 볼수록 정이 드는 산과 들

우리의 마음속에 이상이 끝없이 펼쳐지는 곳

도시엔 우뚝 솟은 빌딩들 농촌엔 기름진 논과 밭

저마다 자유로운 속에서 조화를 이뤄가는 곳

도시는 농촌으로 향하고 농촌은 도시로 이어져

우리의 모든 꿈은 끝없이 세계로 뻗어가는 곳

원하는 것은 무엇이든 얻을 수 있고

뜻하는 것은 무엇이건 될 수가 있어

이렇게 우린 은혜로운 이 땅을 위해

이렇게 우린 이 강산을 노래 부르네

아아 우리 대한민국 아아 우리 조국 아아 영원토록

사랑하리라~

가수 정수라가 불렀던 '아! 대한민국'이라는 곡은 1980년대 우리 국민의 가슴을 뜨겁게 해줬던 노래였습니다. 한강의 기적을 이룬 나라, 모두가 희망에 찬 꿈을 꿀 수 있는 그런 나라를 그린 가사가 참 매력적입니다.

딱 이 노래 가사만큼만 원하는 것은 무엇이든 얻을 수도, 뜻하는 것은 무엇이든 될 수가 있는 희망 가득한 나라가 되길 바라며, 영원토록 사랑할 수 있는, 후손에게 자랑스럽게 물려줄 수 있는 은혜롭고 아름다운 이 나라가 되길 소망합니다.

우리나라는 봄, 여름, 가을, 겨울, 사계절의 변화에 따라 아름답게 변하는 금수강산과 찬란하게 빛나는 붉은 태양, 삼면이 파란 물결 넘치는 바다를 접하고 있는 아름답고 은혜로운 나라입니다.

반면, 지구촌 변혁의 구심점이라는 지정학적으로 중요한 위치에 있다 보니, 역사적으로 주변국과 지구촌 정세의 흐름에 좌우됨에 따라, 세계적으로 유일하게 분단상황에 처해 있는 안타까운 나라이기도 합니다.

격동의 순간들마다 국민들의 지혜와 희생으로 일구어온 우리의 자랑스러운 역사지만, 일제 식민지로부터 광복기에 일본에 빌붙은 기회주의자들이 득세하면서, 자신들을 합리화하기 위해 도덕이니, 사회의식이니, 인류애 등 보편타당한 인문학적 가치들을 오직 돈 앞에 죄다 밟아 뭉그러뜨려 버렸습니다. 또 세계화를 기치로 오직 경제적 성공만을 지향하는 치열한 경쟁사회로 내달리게 되다 보니, 경제적으로 비약적인 발전에도 국민들이 원하는 것은 무엇이든 얻을 수 있고, 뜻하는 것은 무엇이든 될 수 있는, 희망 가득한 세상과는 다소 거리가 있는 상황입니다. 무엇보다도 한국의 사회정의와 민족주체성이 크게 훼손되었으며, 이로 인해 우리 민족, 우리 국민들의 자존심과 자긍심에 깊은 상처를 입었다는 것은 주지의 사실일 것입니다.

사실 지난 수십 년간 우리 모두에게는 먹고 사는 문제가 절대적이었습니다. 그렇기에 경제적 성공만을 향해 왔던 것이 사실입니다. 하지만 경제적으로 어느 정도 기반을 닦은 우리들에게 지금 가장 필요한 것은 경제적 성공만을 위한 처세술과 합리성, 기능성만은 아닐 것입니다. 세상을 살아가는 데 방향을 제시하고 힘이 될 인문학적 지식과 건전한 철학의 가치, 세상을 무대로 활동하는 데 필요한 실용적 학문과 도전을 향한 열정 그리고 서로에 대한 이해와 배려, 보편타당한 가치 속에 함께 어울려 더불어 사는 국가공동체사회입니다.

이 책은 냉철한 시대분석을 통해 한강의 기적을 만들어낸, 용광로와 같은 대한민국의 얼과 혼을 담고, 대한민국 모든 이들이 복잡다단한 시대를 꿈과 희망을 가지고 살아갈 수 있는 방향성을 밝혀보고자 합니다. 이를 통해, 국가 위상의 정립, 민족정기의 회복, 정의사회의 구현, 나아가 국격을 높이는 데 미력하나마 일조할 수 있기를 희망합니다. 물론 저자 또한 유교의 창시자로 알려져 있는 공자 자신이 유교 전통을 '술이부작(述而不作)'이라 하여 옛날부터 내려오던 것을 그대로 전수할 뿐 새로 창작한 것은 없다고 했듯이, 대한민국을 진정으로 사랑하는 무수히 많은 사람들의 생각과 가르침을 글로 옮길 뿐입니다.

아직도 여전히 발전하고 있으며, 살만 한 나라, 앞으로 다가올 미래에 세계의 주역이 될 우리 조국 대한민국 파이팅!

뜨거운 가슴, 냉철한 이성으로 현실에 발을 딛는 동시에 국민 개개인의 삶에 대한 긍정적 자세로 미래의 꿈을 향해, 행복하게 나아가게 될 아름답고 은혜로운 대한민국을 위해….

C O N T E N T

국민의 행복한 삶이란 무엇인가?

국민 여러분, 지금 행복하십니까?

대한민국 국민은 왜 행복하지 않은 것일까?

행복국가로 가는 길은 무엇인가?

국가와 국민의 행복한 삶:
국민의 행복을 위한 국가

PART I

국민의
행복한 삶이란
무엇인가?

국민이란 무엇인가?

'국민'이란 사전적으로는 "한 나라의 통치권 아래에서 국가를 구성하는 사람 혹은 그 나라의 국적을 가진 사람"을 뜻한다. '종족'은 유전적 특성이 강하고, '민족'은 문화적 요소가 강하다. 그에 비해 '국민'은 철저히 정치적이고 법적인 개념이다. 그러나 모든 개념은 사전적 의미가 아니라 역사적 의미로 살펴야 한다.

서구에서 국민은 근대의 산물이다. 중세 봉건사회의 다원적인 신분제를 대체한 것이 근대 통일국가의 국민이다. 물론 서구의 경우 '왕이 된 시민', 즉 신분적 구속이나 전제정치의 억압을 스스로 파멸시킨 근대적 시민성이 훨씬 더 강력하다. 이중혁명, 즉 산업 혁명의 자유주의와 프랑스 혁명의 민주주의에 의해 시민이 등장했다.

하지만 강력한 국가들끼리의 제국적 대결과 전쟁의 상황에서 시민은 손쉽게 국민이 되었다. 주권자의 자각과 권리 대신 타 국가, 타 인종, 타 민족과의 대결적 양상을 통해 국민이 형성되고 이를 '애국주의'가 떠받치면서 20세기는 격전장이 되고 말았다. 그 파란의 끄트머리에 일제가 있었고 불안하게 출발한 광복국가가 있었다. 이 강점과 독재의 그늘 아래 시민이 존재할 공간은 없었다. 동원된 시민, 곧 '국민'이 필요했을 따름이다.

정치권력의 주체이자 공공영역과 그 정책의 참여자이자 사회문화의 주체가 되는 시민? 20세기 중엽의 한반도에서 그러한 가능성은 언제나 무참하게 억압되었다. 칼 슈미트는 민주주의(democracy)가 인민, 즉 데모스(demos)의 지배(kratia)라고 풀이한다. 민주주의는 자유로운 인민 혹은 그것을 추구하는 인민을 전제로 한다. 우리에게 그러한 기억은 생경하다. 적어도 20세기에 그것은 불가능했다. 지금껏 대한민국은 가난한 국가에서 벗어나기 위해, 다른 것들은 생각할 여유를 갖지 못했다. 이로 인해 경제적 부흥이라는 성과를 어느 정도 달성했지만, 이에 따른 부작용으로 사회적 갈등과 혼돈 속에서 한국의 사회정의와 민족주체성이 크게 훼손되었고, 또 이로 인해 우리 민족, 우리 국민들의 자존심과 자긍심에 깊은 상처를 입었으며, 국민의 행복지수도 하위권을 벗어나지 못하고 있다.

우리는 이제 '이 시대 이 땅에서 어떻게 살아야 하는가?'라는 물음을 중심으로 국가를 구성하는 국민의 한 사람으로서, 국가와 국민의 행복을 위한 진지한 고민을 해야 한다. 미래지향적이고 희망적인 대한민국을 건설하고 개개인의 자유로운 삶에서 모든 국민이 어우러져 행복하게 살아갈 수 있는 삶의 철학을 만들어야 할 것이다.

국민 행복이란 무엇인가?

'국민 행복'이란 모든 국민이 이 나라의 국민이라는 사실 자체만으로 행복을 느끼고 있는 상태를 말할 것이다. 그러기에 국가를 이루고 있는 국민 개개인의 행복이 최고에 이를 때 국민 행복도 최고에 이른다고 할 것이다.

국민이 행복해지기 위해서는 첫째, 먹고 사는 데 지장이 없어야 할 것이다. 기본적으로 국민이라면 누구를 막론하고 어떠한 경우에라도 국가의 보호 아래 생존을 이어갈 수 있도록 최소한의 생계가 보장되어야 할 것이다. 여기서 우리는 경제적 성장과 더불어 복지정책이 얼마나 절대적인지를 알 수가 있다.

둘째, 삶을 살아가는 데 안전하게 살아갈 수 있도록 국가 안전망이 제대로 구축되어야 할 것이며, 위험, 고통으로부터 회피, 안정될 수 있도록 국가의 국민 보호 체계가 잘 구축되어야 할 것이다. 국가는 국민의 생명과 재산을 보호하고 국민이 안전하게 살아가도록 주거안정 및 고용안정, 노후대책 등을 마련할 의무가 있다.

셋째, 국민이 국가에 대해 소속감과 국민으로서의 자부심을 가질 수 있도록 해야 한다. 국민이 자부심을 가질 수 있으려면 존경받는 나라, 살고 싶은 나라여야 할 것이다. 지난날 우리나라는 오욕과 치욕의 역사를 통해 국민들에게 많은 상처와 아픔을 주었다. 이제는 국격을 더욱더 견고히 하여 국민들이 국가의 구성원으로 살아가는 데 행복감을 극대화할 수 있도록 해야 한다.

넷째, 국민이 국가의 주체이자 주인공으로서 당당히 살아갈 수 있도록 민주적 사회제도를 잘 정비해야 할 것이다. 마지막으로 국민이 자유로운 생각과 철학을 가지고 자아실현을 이루며 살아갈 수 있도록 해야 한다.

다시 한 번 간단히 정리하자면 '국민 행복이란 국민 개개인이 이 나라의 국민이라는 사실만으로 먹고 사는 데 지장이 없고, 국가의 보호 아래 요람에서 무덤까지 안전하게 살아가면서 당당하게 애국심과 자부심을 가지며, 국가의 주체이자 주인공으로 기본권을 보호받고, 자유롭게 살아가는 데 대한 기쁨과 만족을 느끼는 것'이라고 정의할 수 있다.

행복을 추구할 권리를 가진 국민

대한민국 헌법에서는 "모든 국민은 인간으로서의 존엄과 가치를 가지며 행복을 추구할 권리를 가진다."(제10조 1문 후단)라고 행복 추구권을 규정하고 있다. 행복의 의미에 대해서는 다양한 해석이 가능하지만 행복 추구권은 기본적 전반에 관한 총체적 규정으로, 인간으로서의 존엄과 가치와 존중이라는 목적을 실현하기 위한 수단을 의미한다. 이러한 행복 추구권은 헌법에 규정된 개별적 기본권의 총화에다 인간으로서의 존엄과 가치를 유지하는 데 필요한 것인데도 헌법에 열거되지 않은 자유와 권리까지도 포함하는 포괄적인 기본권이다.

행복은 어느 시대, 어느 문화, 어느 국가를 막론하고 인간 모두가 추구하는 유일하고 바람직한 삶의 필수 항목으로 그 어떤 것보다 최우선되어야 하므로 국민은 당당히 행복을 추구할 권리를 누려야 하고, 국가는 국민의 행복을 궁극적인 목표로 여기고 국민 행복을 실현하는 데 모든 노력을 기울여야 할 것이다.

국민 여러분,
지금
행복하십니까?

대한민국 국민은 행복한가?

　대한민국은 행복한가? 일상이 위협받고 국민의 국가에 대한 불신 증대, 널뛰듯 요동치는 세계경제, 모든 분야에서 격화되는 경쟁, 불안한 먹거리, 언제 어디서 갑자기 닥치게 될지 모르는 각종 사고, 묻지 마 범죄로 위협받는 치안, 취약계층의 증가, 각 연령층에서 늘어나는 자살 등등…. 사회안전망이 턱없이 부족한 요즘 같은 세상에서는 그저 가족끼리 오순도순 조용하고 행복하게 사는 것이 그토록 힘든 일이었는가 하는 의문마저 들 정도로 대한민국의 현실은 그다지 행복해보이지는 않는다. 앞으로 여러 가지 사회불안 및 위험 요소가 상존하면서 한국인의 안정추구 성향은 더욱 높아질 것으로 보인다. 작은 것을 소중히 알고, 사소한 데서도 행복을 찾으며, 평안한 일상에 감사하는 자세가 중요해졌다.

국민의 행복을 위한 국가

최근에는 거창하고 물질적인 성취에 앞서 정서적, 심리적, 신체적 불안의 해소와 안전에 초점을 둔 '그저 소박하고 행복하게 살 수 있다면 그만'이라는 태도가 많은 사람들의 라이프 스타일이 나타나고 있다. 소비가치의 무게중심이 사회적 성취에서 일상의 행복으로 옮겨가고 있다. 참 바람직한, 우리가 지향해야 하는 방향이다.

다시 한 번 우리 스스로에게 물어보자. 대한민국 국민으로 그동안 행복했는가? 아쉽게도 대답은 긍정적이지 않다.

우리가 살고 있는 대한민국은 자본주의 사회로 경쟁원리를 바탕으로 이루어져 있고 경쟁을 통해 남과의 비교우위를 통해 성취감과 행복감을 느끼도록 만들어져 있다. 그렇기에 국민 행복에 대한 근본적인 고민이 빠져 있었으며, 지난 날 우리는 매우 가난한 나라로 먹고 사는 데 급급했다. 그러나 우리는 지금 세계경제의 주역으로 우뚝 도약했음은 그 누구도 부인할 수 없을 것이다. 그러나 아직도 대내외적으로 경제가 무척 어려운 상황이라며, '지금은 우리의 성장잠재력을 일깨워, 경제 살리기에 앞장서야 할 때다', '낙수효과'라는 말로 국민 행복에 대한 근본적인 고민과 현실적 대안들에 대해서는 등한시하고 있다. 우리는 더 이상 '먹고 살기 힘들다', '경제가 힘들다'라는 푸념으론 더 이상 행복을 공유할 수 없음을 느끼고 있으며, 심지어 일부 국민들은 국가에 대한 배신감마저 느끼고 있는 것은 아닐까 하고 생각하게 된다. 이제는 우리 모두 국민의 행복을 어떻게 실현해야 할지에 대한 진지한 고민과 해결방안이 필요한 때이다.

대한민국의 행복지수는?

한국의 1인당 국내총생산(GDP)은 2013년 2만 4달러로 지난 60년간 67달러에서 350배 넘게 늘었다.

GDP가 대폭 성장한 만큼 우리나라도 더 행복해졌을까? 대한민국의 행복지수는 지금 얼마나 될까? 유엔 세계행복보고서(156개국)에 따르면 한국의 행복지수는 41위로 1인당 소득 9,061달러의 수리남(40위)이나 소득 7,830달러인 콜롬비아(35위)보다 못했다. 경제적 발전을 최우선 목표로 삼고 경제 성장을 이루며 달려온 결과, 우리가 잃어버린 건 무엇일까?

대한민국 국민은
왜 행복하지
않은 것일까?

세상에 공짜는 없다

우리는 지난 몇십 년 동안 성장지상주의에 매진해온 결과, 1인당 GDP 2만 4천 달러, 무역 1조 달러 달성 등 눈부신 성장을 거듭하며 경제 규모로 10위권, 1인당 국민소득 기준으로 30위권으로 먹고사는 데는 문제가 없는 사회로 탈바꿈했다. 하지만 OECD 국가 중 근로시간이 가장 긴 나라, 자살률이 가장 높은 나라 등 불명예스러운 타이틀도 함께 뒤따르게 되었다.

우리나라는 지금 '이중적 위험사회'에 직면해 있으며 성장통을 심하게 겪고 있다. 우리나라는 압축적 산업화의 초기부터 위험사회의 상태였던 것이다. 산업화된 국가들을 추격하기 위해 경제성장에 모든 것을 걸었고, 이런 성장지상주의는 정치적 민주주의, 사회적 안전, 문화적 신뢰 등의 행복을 증진시키는 가치를 소홀하게 만들었다. 여기에 더해 생태위기 등을 포함한 사회학자 울리히 백(Ulrich Beck)이 말하는 현대성이 가져온 결과로서의 위험이 함께 존재하는 이중적 위험사회가 바로 지금의 우리 사회이다.

최근 한 모바일 여론조사(두잇 서베이 조사)에 따르면, "다시 태어난다면, 대한민국에서 태어나고 싶지 않다"(57%)는 응답이 "태어나고 싶다"(43%)는 응답을 추월했다. 이것이 바로 2014년 대한민국의 현실이다. 60%에 가까운 국민이 다시 태어나고 싶어 하지 않는 사회가 과연 행복할까? 그동안 경제적 발전을 최우선 목표로 삼고 경제 성장 모범적으로 일궈왔다고 자부한 산업화가 누구를 위한 것이었는지, 또 우리 사회가 잃어버린 건 무엇인지에 대한 근본적인 질문을 스스로에게 던져보게 된다.

경쟁이나 비교에 익숙한 사회

우리가 살고 있는 대한민국은 자본주의 사회로 경쟁원리를 바탕으로 이루어져 있고 경쟁을 통해 남과의 비교우위를 통해 성취감과 행복감을 느끼도록 만들어져 있다. 그렇기에 일찍이 국민 행복에 대한 근본적인 고민이 빠져 있다. 아울러 1997년도 외환위기를 기점으로 사회구조가 신자유주의로 급격하게 재편되었다. 소위 '경쟁을 위한, 경쟁에 의한, 경쟁의 체제'로 돌입한 것이다. 물론 모든 것을 신자유주의적 체제에 귀속시키는 것은 아니지만, 무한경쟁, 적자생존, 약육강식의 이

체제는 국민의 행복을 저하시키고 있는 본질적 요소인 것이다. 성장과 경쟁 일변도의 패러다임은 낙오자에 대한 배려가 없다.

물론 경쟁이 나쁜 것만은 아니다, 경쟁은 동기를 부여하고 발전을 낳는다. 필요한 경쟁은 바람직한 것이다. 그러나 쓸데없는 경쟁, 무의미한 경쟁, 지나치게 과도한 경쟁은 피로도와 스트레스를 증가시키고, 지나친 희생을 가져 오게 된다.

지금 우리 대한민국은 과도한 경쟁사회에 직면해 있다.

공공선公共善에 대한 헌신과 윤리의식의 부족

와우아파트 붕괴사고, 대구 지하철 사고, 삼풍백화점 붕괴사고, 성수대교 붕괴, 마우나오션리조트 체육관 붕괴, 세월호 참사 등등….

지금 대한민국은 각종 사건사고로 우울증에 걸려 있다. 잊을 만하면 터지는 각종 대형 사고, 터질 때마다 되풀이되는 쇄신, 다짐, 제도 개선, 그러나 또다시 재발되는 고질병. 이것이 바로 지금의 대한민국 현실이다. 우리 대한민국은 봉건주의적 지도체제 아래 현대화 과정을 제대로 거치지 못하고 일제 강점기를 거치면서 자율적인 민주적 시민사회가 올바르게 형성되지 못한 탓에 억울함과 피해의식 등 민주적 시민사회의 형성과정이 왜곡되어 개인주의에 빠져있다. 그래서 공동체에 대한 기여도가 부족하고 공공의 이익과 공공선에 대한 헌신과 윤리의식이 부족하다.

또한 역동성과 변화를 잘 수용하는 강점을 가지고 있으나 빠르게 식고 연속성과 지속성이 결여되어 시간이 지나면 문제의식을 잊어버리고 또다시 문제의 삶으로 돌아가 아무 생각 없이 일상을 되풀이한다. 그러다 사건이 터지게 되고 일이 발생하면 쇄신과 개선을 다짐하고 또 시간이 지나가면 제자리로 돌아가는 악순환이 반복되고 있는 것이다.

남을 배려하지 않는 이기주의적인 생각이 남이야 어찌 되든 나만 살자는 개인주의적인 행동으로 나타나는 작금의 현상이 오늘의 각종 문제를 지속적으로 발생할 수밖에 없는 사회현상인 것이다.

역사와 철학에 대한 무관심

역사는 과거에 대한 기록이다. 매일 매일 새롭게 쓰이는 것이 역사다. 현재의 순간이 지나면 모든 것이 과거가 되고, 그것이 오랜 시간 쌓여 역사가 된다. 역사와 철학이 없는 민족은 미래가 없고, 미래가 없는 국민이 무슨 희망이 있겠는가?

얼마 전에 현대사의 중요한 한 획을 긋고 있는 6·25 전쟁에 대해 얼마나 알고 있는지 청소년들에게 질문한 결과에 대한 답변이 과히 충격적이었다. 6·25가 우리 사회에 끼친 영향에 대해서까지는 모르더라도 왜 일어났으며, 언제 일어났는지에 대해서는 최소한 우리나라의 청소년이라면 알고 있어야 정상이 아닐까? 역사교육이 중요하다 어쩌다 말만 하고 마치 기성세대는 충실히 역사교육을 받은 것처럼 이야기하지만 그들 역시 그저 역사적 사실만 조금 알 뿐 역사교육에서 가장 중요한 역사의식은 갖고 있지 않는 것이 매우 안타깝기만 하다.

우리나라와 이스라엘은 여러 가지로 유사한 역사적 과정을 가지고 있으나, 역사에 대한 태도와 인식은 매우 다르다. 우리나라보다 훨씬 작은 나라인 이스라엘이 세계적인 힘을 가지고 있는 것은 역사에 대한 철저한 교육에서 비롯되었다고 볼 수 있다.

역사란, 우리가 관심을 가져주지 않고 무관심한 태도로 지내면 언젠가는 묻히게 된다. 우리 역사를 잘 알아야 우리 미래도 밝고, 선조들과 후대에 떳떳할 수 있는 것이다. 중국은 중국 국경 안에서 전개된 모든 역사를 중국의 역사로 만들기 위해 2002년부터 '동북공정'을 국가적 연구사업으로 추진하면서 고구려까지 중국의 역사로 왜곡시키고 있으며, 일본은 일제 강점기 때 우리의 모든 역사 서적을 불태우고, 조선사편수회를 통해 우리의 역사를 왜곡시키고 있는 마당에 우리는 우리 자신의 역사조차도 지키고자 하는 역사인식이 없다면 이 얼마나 부끄러운 일인가.

격동의 순간들마다 국민들의 지혜와 희생으로 일구어온 우리의 자랑스러운 역사이지만, 일제 식민지로부터 광복기에 일본에 빌붙은 기회주의자들이 득세하면서, 자신들을 합리화하기 위해, 도덕이니, 사회의식이니, 인류애 등 보편타당한 인문학적 가치들을 오직 돈 앞에 죄다 밟아 뭉그러뜨려 버렸다. 이는 대한민국의 사회정의와 민족주체성이 크게 훼손되었고, 우리 민족, 우리 국민들의 자존심과 자긍심은 깊은 상처를 입었으며, 이는 씻을 수 없는 수치심과 고통을 안겨주고 있다.

행복국가로
가는 길은
무엇인가?

삶의 우선순위를 바꿔라

'매년 발표하는 OECD 국가 중 지니계수가 가장 낮은 북유럽 국가
사람들은 왜 행복할까?'라는 질문에 대해 생각해보면 우리의 행복을
찾을 수 있는 해답을 찾을 수 있지 않을까. 포브스 전문가들의 분석에
따르면 그 나라들은 공통으로 자유와 평등이 보장되고 복지 혜택이
뛰어나며 부의 분배가 공평하다는 것이다. 물론 그것뿐만은 아니겠지
만 이것들은 꼭 국민행복에 필요한 절대적이며, 근본적인 요소들이 분
명하다.

행복지수 1위 덴마크의 최고 비결은 교육이다. 교육의 질은 높이되
경쟁보다 협동을 중시한다. 모든 시험에 순위를 매겨 스트레스를 주는
우리와 다른 점이다. 자연을 사랑하는 노르웨이는 무분별한 개발을
하지 않아 나라가 깨끗하고, 스위스는 재산의 많고 적음을 따지지 않

는 검소함으로 본받을 만하다. 네덜란드 정치인은 순수하게 봉사함으로써 국민의 신뢰를 받는다. 특히 북유럽 국가들은 타인에 대한 배려와 관용을 가장 큰 덕목으로 여긴다. 단순히 복지혜택이 좋다고 최고의 행복국가가 되는 게 아니라는 반증이다.

히말라야가 있는 인구 70여 만 명의 작은 나라 부탄은 아시아에서 가장 행복한 나라로 꼽힌다. 국왕의 제안으로 국민행복지수(GNH)를 만들어 실천하고 있는 이 나라는 성장과 시장경제 원리보다 문화와 전통, 자연환경을 우선한다.

유럽에서 가장 행복한 도시는 인구 40만 명의 중세풍 도시인 이탈리아의 볼로냐이고, 중국에서 가장 행복한 도시는 베이징, 상하이가 아니라 물의 도시 항저우杭州라는 조사가 있다.

우리는 지금 세계 경제 10위라는 위상에 올라 있지만 여전히 '먹고 살기 힘들다', '경기가 안 좋다'라는 푸념으로 우리의 행복을 스스로가 멀리 하고 있다. 이제 우리도 국민의 행복을 최우선으로 해야 할 것이다.

분열과 갈등으로 국가경쟁력을 낭비하지 말자

지금 우리 한국 사회는 좌파와 우파, 진보와 보수(?)의 갈등으로, 남과 북의 이념 갈등, 청소년과 노년층의 세대 간 갈등, 잘사는 자들과 서민들의 계층 간 갈등, 영남과 호남 간의 지역갈등 등에 시달리고 있다. 나라 전체가 '갈등 공화국'으로 국민들은 불신과 혼란 속에서 행복지수는 땅에 떨어져 있다.

오죽했으면 많은 국민들이 자신의 고향 땅을 뒤로 하고 떠나고 싶어하는 나라라고 할까? 치열한 글로벌 경쟁 속에서 한마음 한뜻으로 똘똘 뭉쳐 하나가 되어도 부족한 상황에서 여러 가지 갈등으로 인해 국론 분열 및 국력을 낭비하고 있다.

특히 정치권은 이러한 사회현상을 야기한 주범이면서 이를 확대 재생산하기에 여념이 없어 보인다. 물론 정치란 것이 기본적으로 편 가르고 편 짜기라는 프레임을 안고 있고, 진정한 국민의 봉사자로서보다는 개인의 영달과 안위를 위해서 정치판에 뛰어든 정치꾼들이 판을 치고 있기에 쉽사리 선진국의 정치무대처럼 건전하고 국민을 위한 정치가를 기대하기는 어려울 것이다.

누군가가 우리나라는 3류 정치로 인해 3류 국가를 벗어나는 데 한계가 있다고까지 말했다. 경제현실을 정치적·이념적 프레임으로 각색해 집권만을 위한 정략적 인기영합적인 주장만을 일삼기보다는 사회현실을 있는 그대로 제대로 인식할 필요가 있다. 진정으로 국가와 국민의 미래가 어떤 방향으로 나아가야 할 것인가를 진지하게 고뇌하면서 일방적인 주장과 투쟁이 아닌 생각과 주장이 다른 그룹과도 대화하고 타협을 모색하는 성숙한 자세로 거듭나 진정한 소통으로 사회통합을 모색해야 한다.

국민 스스로 행복한 국민이 되려고 노력하자

국가라는 조직 또한 살아있는 유기체로 국가를 구성하고 있는 국민들과 하나되어 서로가 서로를 위해 존재하면서 때로는 국가적 대의를 위해 국민 개개인의 희생을 요구하기도 한다.

국가는 국민들보다는 국가조직의 유지, 생존이 우선인 이기적 존재이기도 하다. 그러므로 국민은 국가(국가 권력)를 감시하고 올바른 방향으로 흘러갈 수 있도록 지속적으로 노력해야 한다. 그래야만 국가의 유지, 생존을 위해 국민을 희생시키게 되지 않는 것이다.

국민 스스로 국민의 행복에 대해 무관심하고 무지하기 때문에 국민이 부여한 국가권력으로부터 오히려 핍박받고 행복하게 살 권리를 박탈당하는 일이 벌어질 수도 있다.

국민이 올바른 국가관을 지니고 자기 스스로의 행복한 삶을 살 권리를 지켜야 한다. 온전하고 완벽하지는 않지만 그래도 우리가 살아가고 있는 민주주의 사회에서 무관심과 무지는 본인뿐만 아니라 주변의 여러 사람들의 행복하게 살 권리마저도 앗아가게 할 수 있다.

대한민국 주권은 국민에게 있고 모든 권력은 국민으로부터 나온다. 하지만 스스로 권리를 지키지 않으면 국민의 권리는 공염불이 되고 만다. 우리는 우리의 후손들에게 아름다운 나라를 물려주기 위해서라도 스스로 노력하고 항상 국가와 국민의 역할에 관심을 가져야 한다. 그렇지 않으면 민주주의도, 행복도 지키기 어려울 것이다.

과거의 굴레로부터 벗어나 새로운 미래를 창조하자

한국 현대사에서 친일 또는 친일잔재 청산이란 문제는 일제 식민통치기간이 36년이란 장기간에 걸쳐 체계적으로 이루어진 점에서 당대를 살았던 많은 이들이 이 문제로부터 자유롭지 못했기에 그만큼이나 상당히 다루기 어려운 판도라의 상자이자 사회적 갈등의 소지를 동시에 갖고 있다. 이러한 이유와 더불어 해방 직후의 이데올로기적 대립이 중첩되고 대한민국의 건국과 더불어 출범했던 반민특위가 그 와중에서 업무가 중단된 채 종료됨으로써 사회적 지탄의 대상이자 역사적 미청산이라는 국민의식의 배경이 되어 왔다.

또한 한국전쟁이라는 미증유의 민족상잔의 동란을 겪으면서 친일잔재 청산이라는 사회적 요구는 산업화라는 우선과제에 밀려 잠복하는 사안이 되었고 1980년대 이후 민주화 과정에서 해결과제의 하나로 다시 부각되기에 이르렀다.

특히 1990년대 이후 일부 시민단체 등의 노력에 힘입어 본격 진행되기 시작한 친일잔재 청산운동은 긴 역사적 안목에서 본다면 프랑스나 중국 등의 사례를 통해 충분히 확인할 수 있듯이 20세기 초반 식민지배나 강점을 경험했던 민족국가들로서는 우선적 처리 사안으로 진행될 수밖에 없는 문제였다. 그 점에서 본다면 2000년대 이후 국가적 차원에서 진행되는 한국 사회의 친일잔재 청산은 매우 지체된 역사의 현상으로 볼 수 있다. 하지만 이미 기득권층으로 사회 전반에 분포된 친일후손들로 인해 친일청산이 분명하게 이루어지기는 불가능하지 않을 싶다.

다만 오욕의 역사가 반복되지 않고, 민족사적 발전의 밑거름이 될 수 있도록 현실적인 과거청산이 이루어질 수 있도록 사회적 지혜를 모아야 할 것이다. 현 시점에서 가장 최선이자 이상적인 해결방안은 지난날 국가와 민족에게 오욕과 고통을 안겨준 이들의 진정한 사과와 부정하게 취득한 물적 자산의 국가 반납 등이 선행되고 이를 국민적 화해와 용서로 극복하여 무엇을 역사적 교훈으로 남길 것인가에 대해서도 충분히 고민하는 것이다.

하지만 가슴 아픈 현실은 이들이 자신의 과거를 정당화하기 위해 역사적 왜곡까지 서슴지 않고 있으며 지배층의 안녕에만 몰두하여 오랜 세월 동안 정권과 기득권을 독점하며 권력을 농단하고 악법과 악습으로 국민을 괴롭게 하고 있다는 것이다.

과거청산은 미래에 어떻게 이루어질 것인지 그 누구도 장담하기 어려울 정도로 불투명하다.

우리의 조국은 우리의 나라여야 하며, 우리의 민족은 우리의 겨레여야 하는 것이다. 우리가 우리들의 미래를 펼치지 못하고 이 시대 우리들의 역사를 주도적으로 펼쳐나가지 못해서는 안 될 것이다.

우리들의 역사와 얼과 권리의 가치는 우리 민족의 혼이며, 머리와 뿌리이다. 머리가 없으면 몸이 살지 못하고, 뿌리가 없으면 줄기가 자라나지 못한다.

과거 일제에 맞서 싸워 광복을 이루고자 했던 민족 지사들의 의가 있었기에 우리 민족은 머리와 뿌리, 곧 민족의 혼을 오늘날까지 지켜 온전하게 이어올 수 있었다. 그리고 과거 독재에 맞서 싸워 국민을 구하고자 했던 재야인사들의 의가 있었기에 민족의 삶을 온전하게 살아올 수 있었던 것이다.

반만년 역사의 찬란한 우리 기상이 우리에게 잠재되어 있다. 그렇기에 우리들은 지속적으로 깨어 있어 과거의 굴레를 지혜롭게 벗어 던지고 일어나 하나로 굳게 뭉쳐서 나아가야 한다. 흐트러진 정기를 바로잡아 옛 선열들이 염원했던 아름답고 강력한 대한민국을 이루어야 할 것이다.

우리의 조국 대한민국은 새로운 시대 발맞추어 새로운 민족의 길로 힘차게 나아가야 할 것이다.

국가를 움직이는 10대 분야를 혁신해야 한다

국민 행복의 10대 조건을 교육, 사회, 경제, 정치, 언론, 세계, 역사, 문화, 종교, 안보로 꼽고 우리가 걸어온 길을 조명하며 현재 우리가 걸어가고 있는 길을 객관적이고 합리적이며 건전한 비판을 통한 혁신을 통해, 대한민국 모든 국민이 행복한 '행복 국가로 가는 희망의 길을 제시해야 한다.

희망은 개개인이나 국가적으로나 꼭 필요하다. 언젠가 성취되기에 품어야 하는 것일 뿐 아니라 고달픈 삶의 여정에서 우리를 지치지 않게 하는 에너지의 원천이기도 하기 때문이다. 인간에게는 편안함이나 어려움보다 희망과 절망이 중요한 문제이고 국가를 이루고 있는 국민 개개인이 가장 큰 스트레스를 받을 때는 어렵고 힘들 때가 아니라 희망이 없을 때다. 21세기 글로벌 경쟁력과 국민의 행복은 희망찬 대한민국의 미래에 달려 있다. 희망은 지속가능한 국가 경쟁력의 원천이자 수준 높은 행복사회의 촉진제이다.

여기에서는 국민 행복의 10대 조건 중 안보분야를 제외한 아홉 가지 분야에 대한 구체적이고 실천 가능한 희망찬 미래 발전 방안에 대한 제시를 통해 행복국가로 가는 올바른 방향을 제시해보고자 한다.

이제는 국격이다

한승주 전 외무부 장관은 '국격 높은 나라를 꼽으라고 한다면 스웨덴, 노르웨이 그리고 캐나다를 선택할 것이다. 이들 나라가 부유한 나라여서도 아니요, 군사대국이어서도 아니다.'라고 했다. 이들 나라의 공통점으로 행복지수가 매우 높은 나라임을 비추어 볼 때 국민의 행복은 그 나라의 국격과 함께 함을 알 수 있을 것이다.

이제는 우리도 현재의 모습을 반추하며, 앞으로 나아갈 길을 새롭게 모색하는 성찰의 시간을 가져야 할 때는 이는 우리가 한국인으로서의 정체성을 스스로 확인하고 보다 성숙한 국민으로, 진정한 일류국가, 행복국가로 거듭나기 위해 꼭 필요한 일이다. 다시 말해서 우리도 이제 국격을 생각할 때가 되었다는 것이다.

개개인의 인격을 보면 그 나라의 국격을 알 수 있다. 또한 한나라의 국격은 국민 개개인의 삶과 생활양식을 말해 준다. 그래서 그 나라가 어떤 나라인가는 그 나라 국민의 가치관과 철학을 말해주기도 한다. 그렇기에 모든 일의 우선순위에는 개개인의 인격 높이기를 첫 번째로 두고 개인이 무엇을 해야 하는지 그리고 국가가 무엇을 해야 하는지를 생각해서 지속적으로 실천해야만 할 것이다. 상식이 통하는 사회, 기본이 튼튼한 사회, 공공선公共善에 대한 헌신과 배려심, 높은 수준의 도덕성과 윤리의식을 가진 사람이 많은 국가가 격이 높은 국가라 할 수 있다.

어찌 들으면 너무도 단순해서 이런 것이 무슨 격을 만드나 할지도 모르겠다. 하지만 그 원칙과 기준이 흔들릴 때 우리는 몰상식하고 염치없는 사람들이 모여 사는 잘못된 세상에 살게 된다. 자신만 생각하고 남에 대한 배려가 없을 때 사회적으로 얼마나 많은 사람들이 피해를 입고 살게 되는가? 그래서 양심이 중요하고 도덕심이 필요한 것이다.

원칙과 상식, 기본이 튼튼한 나라는 사회의 기초질서와 구성원들 간의 규범이 아주 잘 잡혀져 있다. 그리고 전체를 위한 합리적 합의도 쉽게 이루어진다. 약속이 지켜지기 때문이다. 법과 규범, 공중도덕처럼 서로 지키려고 만든 사회적 약속이 잘 지켜지니 불필요한 갈등과 사회적 비용이 발생할리 없고 더욱 수준 높은 신뢰 사회, 공정 사회로 힘차게 나아갈 수 있는 것이다.

국민 개개인의 개성과 삶을 존중하면서도 조각보처럼 국민모두가 하나로 어우러진다면 분명 대한민국의 경쟁력은 높아질 것이다. 이제부터라도 원칙과 기본에 충실하고 배려하며 서로에게 힘이 되어 줘야 할 것이다.

사회(社會, Society):
나눔과 공존의 가치가
살아있는 사회

PARTⅡ

모든 것은
가정에서
출발한다

어느 사회에서나 가정은 가장 소중하며 중요한 사회체계로 생각되어 왔으며 여전히 바람직한 가정상에 대해 관심을 가져왔다. 인간의 삶은 인간 사이의 관계에서 일어나는데, 이러한 의미에서 가정이라는 것은 곧 인간관계의 출발점이다. 자기 헌신을 통해 사랑을 몸에 익히는 장소, 타인에 대한 책임과 의무를 익히는 곳, 민주 시민으로서의 역량을 배양하는 곳 그리고 기본적인 예의범절과 윤리 도덕을 익히는 곳의 출발점이 가정이다. 그러므로 가정의 중요성은 아무리 강조해도 지나침이 없다. 국가와 사회가 건강하다는 것은 국가의 기본 단위인 가족 공동체가 건강하다는 의미이고, 병든 사회는 결국 가족관계가 무너졌다는 것이다. 그래서 모든 삶의 문제는, 실은 어그러진 가족관계의 산물이다.

1950년대를 기점으로 빠르게 변화하는 사회적 흐름과 산업화와 도시화에 맞추어 나타나게 된 개방성과 다양성을 갖춘 현대 핵가족 구조는 저출산, 이혼율 증가, 확대친족 및 지역사회망의 관계 악화, 아동학대와 방임 및 슬럼 상태를 초래했고, 현대를 살아가는 우리들에게 또 다른 스트레스를 가져다주고 있다.

가정은 사회의 기본적 단위로서 인간의 성장과 발달은 물론 문화전달에 필요한 모든 것을 전수하고 양육하는 일차적인 집단이다. 즉 혈연을 기초로 하여 성립된 자연발생적인 원초적인 집단으로 그 사회의 전통과 관습 등을 지속시키는 데 영향을 미친다. 가족은 위대한 생존가치와 능력을 확보하고 있지만, 요즘 우리나라의 가족구조는 매우 허약한 상태에 놓이게 되었다.

가족의 본질적인 기능은 자녀를 생산하고 양육하여 일생동안 가족구성원에게 정서적 지지를 해 주며, 자녀들이 가족으로부터 사랑, 안정감, 소속감, 동료감, 정체감 등을 찾을 수 있게 해 준다. 특히 가족관계에서 부부는 서로 안정된 정서적 관계를 찾을 수 있고, 노부모는 연속성과 위로를 주게 되는 가족의 중요한 기능들로 존재하게 된다.

가족의 기능과 구조가 축소되면서 가족을 중심으로 일어나는 사회문제에 대한 관심이 커지고 있다. 따라서 급변하는 사회 속의 고정적인 가족개념을 극복하고 사회변화에 알맞은 가족형태와 문제 해결방안들을 이끌어내야 할 필요성이 높아지고 있다.

주거공간의
안정이
국민행복의 시작이다

싱가포르에서는 싱가포르 주택개발청(HDB)이 공급한 공공주택에서 신혼을 시작하는 신혼부부가 많다. 그렇기에 젊은 세대의 주거 복지가 매우 안정돼 있다. 또한 국민 대다수가 방 2~4개와 거실로 구성된 65~110㎡짜리 공공주택으로 내 집을 마련하기 때문에 위화감도 전혀 없다.

우리 사회는 그동안 '중산층의 내 집 마련 꿈 실현'이란 부동산 정책 목표를 체계적으로 추진한 적이 단 한 번도 없다. 사회 전체적으로 주거 공간이 안정되어야 경제발전과 사회 안정, 공동체의식 고취 등에 도움을 줄 수 있다. 월세에 쫓겨, 전세보증금을 올려달라는 요구 때문에 자주 이사를 해야 하는 우리 사회의 구조적 문제로 인해 출산율 저하, 자녀 교육 기회 축소, 빈곤, 실직 등 개인과 가족 차원에서 각종 문제가 야기되고 이는 곧 사회문제로 확대되고 있다. 우리 사회의 세계 최하위권 수준의 출산율도 높은 교육비 등 양육부담과 함께 주거 불안이 가장 큰 요인으로 작용한다고 한다.

그동안 우리나라는 부동산 정책을 경기 조절 수단으로만 인식했다. 경기 침체기에는 부양책의 일환으로, 과열기에는 투기 억제를 위한 보조 수단으로 '땜질 식' 처방을 내놓는 데 급급했다. 그 결과 우리나라 주거 환경은 악순환을 거듭해 오고 있다.

국민의 내 집 마련이 애국심 고취와 사회 통합을 위한 최상의 방책임을 인식하고 일찌감치 공공주택 보급과 주택 구입자금 지원 등 강력한 자가 소유 촉진 정책을 펼치고 있는 싱가포르와는 딴판이다. 싱가포르 국민의 약 80%가 자신이나 가족 소유의 주택에서 살아가고 있다. 우리나라 주택보급률이 100%를 넘었다고 하지만 우리나라 국민의 자가보유율이 2013년 58.4%임을 감안해볼 때, 아직도 우리가 가야 할 길은 아직도 한참 멀기만 하다.

국민들의 주거의 안정화가 우리 사회의 안정화, 국민행복의 시작이라는 점에서 국민들의 주거의 안정화에 모든 노력을 기울여야 할 것이다.

또한 국민 개개인들이 집에 대한 올바른 관점을 가져야 한다. 우리나라는 집을 사용가치로 여기지 않고 사는 장소로 보지 않고 일종의 재산으로 보기에 집값이 올라갈 수밖에 없다 가진 사람들이 전부 투자하는데 좀처럼 내려가지를 않는 것이다. 집을 하나의 재산으로 장만하고 돈을 벌 목적으로 부동산에 투자하는 것은 자기 삶 자체를 부정하는 것이나 마찬가지이다. 그런 관점이면 하나의 금고 속에서 사는 거나 마찬가지일 것이다.

그리고 집을 물질적 공간으로만 생각하면서 뭔가 들여놓을 생각만 하고 물질로만 채우려고 하는데 이제는 물품이 넘쳐 나고, 있는 사람이나 없는 사람이나 거의 같은 것을 누린다. 세속적인 허영, 소유의 가치가 삶의 목적이 되면, 이 얼마나 불쌍한 삶인가?

우리 국민 모두가 집을 소유로 채우는 공간이 아닌 영혼이 거하는 쉼터라고 생각하면 개개인의 삶은 더욱 행복해질 것이다.

환경의
무한존재가치를
생각하자

자연은 언제나 우리 인간에게 어머니처럼 무한한 풍요로움과 정신적 안식을 가져다주었다. 뉴욕에 있는 센트럴파크가 없었다면 뉴요커들의 정신건강에 악영향을 미쳤을 것이라는 보고가 나올 정도로 자연은 우리에게 그 자체로 소중한 것이다.

존재가치평가란 환경자원을 현재 이용하지 않고 미래에도 이용할 가능성이 없지만 환경재화 자체가 존재한다는 사실만으로도 충분히 효용을 얻을 수 있다는 전제로 하는 가치평가를 말한다. 존재가치는 일명 고유가치의 내용을 지니고 있는 것이기에 고유가치라고 부르기도 한다. 환경자원은 인간이 이용하지 않는다고 할지라도 존재함으로써 가치를 보유하기 있기 때문이며 환경자원에 대한 인간들의 애정과 보호심에서 우러나오는 가치이기 때문이다.

자연은 말 그대로 인간의 손을 타지 않고 아름다운 자연상태 그대로 있을 때, 가장 가치가 높은 것이다. 그리고 자연은 사유지라 할지라도 우리 모두가 함께 살아가야 할 공간인 것이다.

인간의 편의와 생존을 위해 자연을 이용하고 어쩔 수 없이 일부 파괴하는 것은 인정하더라도 일부 효용가치와 일부 기득권자를 위한 검증되지 않은 무분별하고 인위적인 변화는 결코 옳은 행위라 할 수 없다. 그 이익은 일부가 얻게 되지만, 그로 인한 피해는 많은 이들이 보게 되는 것이 자연의 섭리이기 때문이다.

지구상의 수많은 생명체가 오랜 세월 동안 적응하며 변화해 왔듯이, 우리가 살고 있는 현재의 자연도 긴 세월 동안 최적화를 해 온 모습 그대로이다. 우리 인간이 아무리 만물의 영장이고 하나 자연과 별개의 존재가 아닌 자연의 일부분임을 간과해서는 안 된다.

요즘 들어 전 세계적으로 발생하는 이상기후와 자연재해의 원인에는 우리 인간이 옳다고 믿는 오만한 식견과 행동이 주요 요인임이 사실이다. 자연은 말 그대로 자연自然이어야 가장 자연스럽고 아름다우며 최적으로 제 기능을 다 할 수 있다. 오랜 세월에 걸쳐 만들어진 자연 훼손은 순간적이지만, 잘못되었을 때 그것을 원상회복하기까지 엄청난 에너지와 희생을 감수해야 한다.

우리가 어렸을 때부터 한결같은 목소리로 부르던 '금수강산'은 우리의 자랑이자 자긍심이었다. 우리는 MB정부시절 4대강 개발을 추진하는 과정에서 환경적인 부분을 종합적으로 검토하지 않고 급하게 서둘러 정책을 시행하는 바람에 아름다운 금수강산을 훼손한 아픈 최근의 역사를 가지고 있다. 이런 뼈아픈 역사를 교훈으로 삼아 앞으로라도 두 번 다시 환경을 훼손하는 실수를 반복해서는 안 될 것이다. 환경은 우리 세대뿐 아니라 미래세대들이 함께 누려야 할 공존의 가치 공간이기 때문이다.

국민의 생명은
그 누구를 막론하고
소중하다

지난 수년 동안 우리나라가 경제협력개발기구(OECD) 30개 회원국 중 가장 높은 자살률을 기록함으로써 사실상 '자살공화국'이라는 불명예를 얻게 되었다.

왜 이렇게 우리 사회에 안타깝게 소중한 생명을 스스로 포기하는 사람들이 많은 것일까? 지금 우리 사회는 처절한 경쟁과 불투명한 미래로 인한 불안 및 강박관념이 만연하고 공동체 의식이 무너져 가고 있다.

아이들은 성적과 진학, 장래에 대한 극심한 불안 속에서 살아간다. 앞선 아이들은 더 앞서기 위해 경쟁에 내몰리고, 뒤쳐진 아이들은 패배감 속에 좌절한다. 어느 누구도 아이들의 불안과 강박관념을 완화시켜주고 보듬어 주지 않는다. 가정은 우리가 유년시절에 경험했던 편안한 쉼터가 아니라 경쟁으로 내모는 숨 막히는 공간이 되어버렸다. 사회에 던져진 아이들은 이 사회가 서로 죽고 죽이는 치열한 정글과도 같다고 생각한다. 일자리를 얻기 위해서 동분서주하고, 일자리에서 잘

리지 않기 위해서 바둥거려야 한다. 낙오자와 실패자는 누구도 이들을 쳐다보지 않는다. 경쟁에서 뒤쳐진 게으르고 무능한 존재라는 차가운 경멸의 시선만이 있을 뿐이다. 그리고 삶을 정리해야 할 노년의 시간 동안 최소한의 인간적인 존엄을 지킬 경제적인 조건과 관계가 약하다. 하루라도 더 살고 싶은 것이 노인의 욕망이건만 하루하루의 삶이 죽음과 별반 다르지 않다. 비루하고 외롭게 죽음을 기다려야 하는 절망의 순간에 죽음을 선택하게 된다. 이것이 우리의 일그러진 사회의 총체적인 모습인 것이다.

이제 우리 사회는 삶의 질과 행복에 관한 물질우선주의적 기존인식의 패러다임을 바꾸고, 무한경쟁으로 인한 타인에 대한 무관심과 소외의 환경을 개선하고, 자살위험군에 속하는 사람들에게 물질적·정신적 지원을 확충하는 데 노력해야 할 때이다.

아이러니하게 무한경쟁이 성장률의 부의 창출을 이끄는 원동력이 되기도 하지만 우리 인생이 성장과 효율성만을 따지며 살아야 하는 것은 아닐 것이다. 비효율적이고 낭비처럼 보일지도 모르지만, 한숨 고르며 주위 사람들과 함께 살아가는 삶도 하나밖에 없는 인생에서 소중한 의미가 있지 않는가? 개인적 차원에서 우리 모두 주위를 돌아보며 나의 손길이 필요한 사람이 있는지 돌아볼 마음의 여유를 가졌으면 한다.

아울러 국가적 차원에서 물질적·정신적으로 힘들고 소외 받고 있는 국민들을 구제할 수 있는 제도적·실질적 방안을 적극 마련해야 할 것이다.

나눔과 공존의 가치가 살아있는 사회

일자리가
안정화되어야
국민의 삶도 안정된다

청년실업 문제가 갈수록 악화되고 있고, 다니던 직장에서 구조조정이 지속적으로 이루어져 우리 국민의 안정적인 삶이 위협받고 있는 시대에 살고 있다. 이러한 문제점은 어제 오늘의 일이 아니다. IMF 외환위기 이후 지속적으로 문제가 악화되고 있는 상황이다. 문제의 심각성은 경기침체 및 미래에 대한 불확실성으로 인해 이러한 현상이 갈수록 더 심화될 가능성이 크다는 데 있다.

청년실업 문제는 젊은 인력을 사장시켜 본인은 물론 국가의 장래에 막대한 피해를 줄 수 있고, 세대 간 마찰 및 갈등을 야기한다. 구조조정으로 기성세대들이 일자리를 잃는다는 것은 가정을 유지하는 데 심각한 문제를 가져다주고, 이러한 가정의 문제는 다시 국가와 그 가정에 소속되어 있는 청년들의 삶에 악영향을 주는 악순환을 가져온다.

정부의 적극적이고 실천적인 대책과 함께 당사자인 청년층, 노동계,

기업, 기성세대 모두가 함께 노력해야 한다. 이미 정부의 노력만으로 해결될 수 있는 선을 넘었기 때문이다.

근원적인 해결책은 일자리를 많이 창출하는 길이다. 하지만 세계 경제 전망이 어두운데 일자리를 많이 창출한다는 것은 사실상 어렵기 때문에 지금 시점에서는 좋은 일자리를 나누고 고용시장의 양극화를 해결하는 것이 가장 바람직한 해결방안일 것이다.

어떤 이들은 비정규직이 다 정규직이 돼야 한다는 데에만 초점을 맞추고, 어떤 이들은 눈을 낮추라고 개인적 문제로 돌리기도 하며, 또 어떤 이는 무조건적인 정년연장을 요구한다.

하지만 지금의 문제는 정규직 노동자가 해야 할 일인데도 회사가 인건비를 줄이기 위해서 비정규직을 뽑고 고용도 불확실한데 인건비도 절반밖에 주지 않기 때문에 문제가 발생하는 것이다. 또한 중소기업이나 3D업종을 외면하는 것은 일에 대한 자긍심과 힘들어서라기보다 일을 해도 생활이 되지 않을 정도로 미래를 보장받지 못하기 때문이다. 또한 무조건적인 정년연장은 회사의 경쟁력을 감소시키는 요인으로 작용한다.

앞으로는 임금 피크제의 적극적 도입을 통해 정년을 연장하고 청년세대들의 일자리를 확대하며, 비정규직과 정규직의 임금 및 처우 차별 해소를 통해 모두가 상생하는 나눔과 공존의 사회를 만듦으로써 우리 국민들 모두가 안정적 삶을 살아갈 수 있도록 해야 할 것이다.

나눔과 공존의 가치가 살아있는 사회

공동체
사회가치가
중요하다

　　요즘 우리 사회는 예전에는 한결같이 정겹고 따뜻하고 포근한 세상이었는데 산업화와 도시화로 인한 개인주의 사회로의 전환과 함께 비인간적이기 그지없고 황금만능주의와 저질 문화가 판을 치는, 살아가기 참 팍팍한 세상이 되었다고들 한다. 이는 곧 서로의 존재가 자기 이익과는 상관없는 전적인 타인이 되었다는 것을 의미하는 것으로 개인주의가 변질되어버린 비인간화에 기인할 것이다. 과거 시골은 한결같이 정이 많고 따뜻하고 포근한 곳이어서 도시의 팍팍한 생활에 염증이 날 때마다 마음을 가라앉히곤 하던 아름다운 추억이요, 피난처였다. 그런 기억과 비교할 때 도시는 비인간적이기 그지없고 황금만능주의와 저질 문화가 판을 치는, 사람 살 데가 못되는 곳이었다. 그래서 도시에 살면서도 마음 한편은 늘 시골을(더 정확히는 시골의 정을) 꿈꿨고 사람 사는 곳 같은 세상에 대한 갈증으로 목말라 했다. 아무리 달라졌다 해도 도시보다는 낫겠지 생각하면서 시골을 동경했던 것이다.

　서로가 서로를 보살피고 책임져주는 사회만이 미래가 있다. 보살핌, 질서, 나눔과 공존의 가치가 사람들의 생활 속에 뿌리내린 사회만이 삶의 희망이 있다.

　1960~1970년대까지 우리 사회를 이끌었던 우리 부모세대들의 서로를 보살피고 책임져주는 삶이 우리 한국을 기적의 한국으로 희망 가득한 미래를 이룰 수 있도록 해주었던 원동력이었던 것처럼 혼자가 아닌 함께 사는 사회로 가치의 중심을 옮길 때 사회가 진정으로 건강한 생명력을 유지할 수 있다.

　우리 사회는 산업화, 도시화로 인해 개인주의사회로 급격히 전환되면서 나눔과 공존의 가치를 상실해 가고 있다. 우리나라는 옛날부터 계, 품앗이, 두레, 향약 등의 공동체 사회를 이뤄왔다. 최근 들어 이러한 나눔과, 배려, 공존의 가치를 공유하는 사람들 간에 공동체 마을이라든지 여러 가지 공동체 운동 등이 나타나고 있다.

　가족공동체를 확대하여 다양한 공동체를 만들고 우리 사회를 대한민국이라는 거대한 가족공동체, 사회공동체, 국가공동체, 민족공동체를 행복공동체로 만들어야 하겠다. 그렇게 된다면 국민 모두가 국가의 발전을 위해 헌신하고 희생하는 상생과 화합의 희망찬 대한민국에서 국민 모두가 보람 있고 유익하며 안정된 삶을 누리는 행복한 국민으로 살아갈 수 있을 것이다.

사회갈등을
없애야
나라가 산다

망국의 병 지역차별과 지역감정

망망대해를 지나 폭포를 역류하여 자기가 태어난 곳으로 회귀하는 연어와 마찬가지로 사람은 자기가 태어나고 자란 출신지역에 무한한 애착을 갖는다. 이것은 매우 자연스러운 것이다.

그곳에 익숙하고 정이 들어있기 때문이다. 또한 어려서부터 같이 자란 친구들과 친근한 것도 매우 자연스러운 현상이다. 왜냐하면 가장 행복했던 유년시절의 소중한 삶의 추억이 깃들어 있는 곳이기 때문이다.

반대로 타 지역 사람들은 다른 말씨, 공유 경험의 부족 등으로 왠지 서먹서먹하고 친근하게 느껴지지 않을 것이다. 우리는 자신의 출신 지역에 무한한 애착을 갖는 이런 자연스런 성향을 애향심이라고 부른다. 그것은, 긍정적인 감정이나 보편적 가치관으로 평가된다.

그러나 향토애를 포괄하는 더 일반적인 의미의 지역감정이라는 말은 대단히 부정적인 뜻을 지니고 있다. 오늘날 지역감정이라는 말은 자신의 출신지에 대한 좋은 감정이나 사랑하는 마음이라는 긍정적이고 적극적인 의미보다는 자기 출신지 이외의 지역이나 사람을 배척하고 차별하는 부정적이고 소극적인 의미를 갖고 있다. 타 지역이나 그 출신을 배척하고 차별한다는 부정적인 의미의 이런 지역감정이 팽배한 우리 사회의 현실을 그대로 반영한 것이다. 대한민국 전체로 보나 개개인으로 보나 매우 불행한 일이다.

본질적으로 다가가 보면 지역감정이나 지역차별이 물질적인 차원, 정치적인 차원으로 연결되어 있다는 것을 깨달을 수 있다. 지역감정 및 지역차별은 차별하는 쪽이 차별받는 쪽에 대해 더 많은 이득을 얻으려는 것이고 기왕에 얻은 기득권을 지키기 위한 것이다. 그리고 그 이득에 대한 기득권을 합리화하기 위해 차별받는 쪽에 문제가 있는 듯이 말한다. 이런 피해자 나무라기가 차별하는 쪽이 동원하는 사악한 지역감정인 것이다 이해관계, 특히 기득권이 지역차별과 지역감정을 조장하고 강화하는 것이다.

지역차별이나 지역감정이 기득권과 관련되어 있기 때문에 기득권을 포기하거나 양보하면 지역차별이나 지역감정이 손쉽게 해소될 수도 있다. 그러나 기득권자는 자신의 기득권을 당연시하고 쉽사리 내놓지 않으려 하지 않기 때문에 지역차별이나 지역감정을 더욱더 강화하고 그것들이 손쉽게 해소되기 어렵다는 문제점을 내포하게 된다. 더구나 기득권자가 기득권을 잃을 위기에 처하면 잃지 않기 위해서, 그리고 만일 잃게 되면 그것을 되찾기 위해서, 더욱 공격적으로 지역감정을 부추기게 된다.

지역차별은 이해관계와 직결되어 있기 때문에 정치에서 가장 심하게 나타나게 되어 있다. 민주주의 기반이 약한 우리나라에서 그 현상이 더욱 깊이 나타나고 있다. 정치적 지역차별은 호남지역에 대해 집중적으로 나타나고 있다. 호남지역에 대한 차별이 정치적·정권적인 차원에서 노골적으로 조장되기 시작한 것은 박정희 정권부터이다.

이런 경향은 역시 전두환과 노태우 정권에서 더욱더 심화되었다. 신군부가 집권의 구실을 만들기 위해 고의로 유발한 광주민주화항쟁은 호남 출신을 불온시하는 경향마저 낳았다. 박정희 정권 이래 계속적인 특정지역 출신의 집권과 지역차별적 정책으로 타 지역 출신들은 점점 더 소외되었다. 그래서 정치적 필요에 따라 타 지역 인물을 내세우려 할 때 마땅한 사람이 없어 애를 먹기도 한다.

그리고 그런 현상은 반대로 타 지역 출신 가운데에는 이른바 '인물'이 없어서 등용하고 싶어도 등용할 수 없다는 차별합리화의 구실이 되어 왔다. 이런 지역차별이 오래 지속되고 깊어지면서 고질적인 지역감정을 낳았다.

이제는 차별을 하는 쪽이나 차별을 받는 쪽이나 모두 지역감정을 갖게 되었다. 차별을 하는 쪽은 차별을 합리화하기 위해 공격적 지역감정을, 차별을 받는 쪽은 차별에 대한 저항으로 방어적 지역감정을 갖게 되었다. 그렇다고 이들 지역감정을 똑같이 취급해서는 안 된다.

물론 어느 쪽이라도 지역감정은 나쁜 것이지만 말할 것도 없이, 차별하는 쪽의 공격적 지역감정이 더 나쁘다. 그것은 차별받는 쪽의 방어적 지역감정을 유발한 원인일 뿐만 아니라 방어적 지역감정보다 더 음모적이기 때문이다.

불행히도 우리의 지역감정은 시간이 갈수록 점점 더 악화되어 가고 있다. 이제는 영남지역과 호남지역만이 아니라 충청지역에서도 강한 지역감정이 대두되었다. 정치가는 적극적으로 지역감정을 조장하고 이용하여 권력을 얻고 언론은 은근히 그것을 부추기며 그것에 편승하여 이익을 얻는다. 지역감정의 폐해를 잘 알고 그것을 해소해야 할 지식인조차 그것에서 자유롭지 못할 경우가 많다. 자유롭기는커녕 집권세력 중 차별하는 쪽에 유리한 논리로 지역감정을 합리화하거나 부추기는 지식인들도 적지 않다.

지역감정은 우리 인간관계에서부터 혼인관계, 고용관계, 승진관계 그리고 나아가 우리의 거의 모든 일상생활에서 나타나고 있다. 지역감정은 어느새 우리 한국인들의 보편적인 가치가 되었다. 그것은 우리의 사고와 판단에 때로는 노골적으로 때로는 은밀하게 작용한다.

우리는 건전하고 희망찬 미래를 위해서 망국적인 지역차별을 하루 빨리 해소시켜야 한다. 그리고 지역차별의 결과로 발생했으면서도 거꾸로 지역차별을 강화하는 지역감정도 해소시키지 않으면 안 된다. 그러나 불행히도 이 악화되기만 하는 망국적 병은 손쉽게 해결될 수 있는 것은 아니다. 지역차별이나 지역감정을 해소할 수 있는 실질적인 정치적·사회적 변화와 공동체사회에 대한 패러다임의 전환이 있어야 한다.

우리 국민들은 외국인에게는 항상 친절하면서도 같은 한국 사람들에게는 참 가혹하다. 국제경쟁시대에 걸맞게 바다 건너 세계인과 경쟁해야 한다. 국제 경쟁력에서 뒤지지 않고, 국내 경쟁력을 향상시키기 위해서라도 우리들끼리 경쟁하지 말아야 한다. 특히 일본을 이기고, 중국을 이겨야 한다. 가깝고도 가장 먼 두 나라를 이기면 바로 세계를 이기는 것이다.

이제는 국제적인 경쟁력을 강화하고 국력을 강화하여 모든 지역, 모든 국민이 승자가 될 수 있도록 서로 자루 찢는 일을 하지 말아야 한다.

보수와 진보의 갈등

우리는 일제 강점기와 해방기, 한국전쟁, 독재정권, 남북분단 상황 등 이념이 첨예하게 대합하는 현대사를 경험했다. 진보와 보수라는 프레임은 오늘날까지 우리 사회를 너무나 강력하게 지배하고 있다. 이런 배경 때문에 보수와 진보는 극단에서 타협을 모르고 대립을 계속했다. 정치뿐 아니라, 사회, 경제, 문화, 심지어 종교와 교육에서도 보수와 진보로 나뉘어 국가를 이분하고 있다.

우리 사회의 보수와 진보, 혹은 좌파와 우파는 진짜 서로 상극일까? 아니면 겉치레나 말투만 그러할 뿐 실체는 그렇지 않은 것일까?

드러나는 차이점, 이면에 존재하는 공통점이 이해관계나 양측의 대화부재나 토론 부족 탓에 미처 드러나지 못하는 것은 아닐까? 한번쯤 허심탄회하게 자신의 입장을 버리고 국가적 차원의 대의에 관점에서 접근해보면 어떨까?

양극으로 갈린 오늘날 우리 사회의 보수와 진보가 이념갈등을 해소하고 사회통합을 위한 동반자적 관계를 모색해야 할 때이다.

서울시청 앞 광장에서 국가 주요 이슈로 인해 진보 진영과, 보수진영의 맞불 시위대가 경찰을 사이에 두고 대치하는 장면들을 보면 왠지 모를 씁쓸함과 답답함이 몰려든다. 우리 사회의 이런 슬픈 단면은 보수 대 진보의 갈등이라는 표면적 증후 말고도 내면 깊숙이 존재하는 아주 불편한 진실을 내보이고 있다. 다름 아닌 '증오심'이다.

지금 이 순간에도 인터넷상에서는 좌우를 떠나 증오를 사주하는 글들이 독버섯처럼 퍼지고 있다. 그것들은 퍼지고 퍼져 여기저기 날라지면서 더욱 증오심을 가중시킨다. 그 앞자락에는 편 가르기가 있다. 뭐 하나만 있어도 내 편 네 편으로 가르고 나누어 다투는 싸움에서는 귀가 막히고 입만 열린다.

소통이 없는 자리에 편견과 오만이 독버섯처럼 피어나고, 그것을 먹으며 증오는 더욱 커져만 간다. 그런 증오는 어렵잖게 풀릴 수도 있는 갈등의 상처를 더욱 깊게 만들고, 그 상흔을 치유하느라, 아니 그저 덮느라 해마다 어마어마한 사회적 비용을 치러야 한다. 슬프지만 이것이 우리 사회의 현실이다.

왜 그럴까? 우리 사회 깊숙이 스며들어 있는 증오의 뿌리는 어디에서 기인한 것일까? 이해가 엇갈리는 어른들은 그렇다 쳐도 어찌하여 이념적 판단이 불필요한 우리 사회의 희망인 청소년들까지 편 가름의 최일선으로 몰아 증오의 희생자로 만들고 있는가?

보수와 진보 간의 갈등이 시작된 것은 서구 사회에서 왕권 수호와 새로운 국민 주권을 부르짖는 자유주의를 향한 혁명에서 비롯되었다. 프랑스 혁명은 절대 왕권에 저항하는 시민계급을 등장하게 했고, 결국 근대 자유주의 국가를 탄생시켰다.

보수나 진보와 유사한 뜻으로 사용되는 '좌파', '우파'라는 용어는 혁명 당시 급진적인 사회 변혁을 추구했던 '자코뱅당'이 의회의 왼쪽 자리에, 상대적으로 온건한 개혁을 추구했던 '지롱드당'은 오른쪽 자리에 앉게 된 것에서 유래했다. 이때부터 진보적인 성향을 '좌파'라고 하고, 반대로 보수적인 성향을 '우파'라고 부르게 된 것이다.

서구의 정당 역사는 이러한 보수와 진보정당 간의 갈등과 합의과 정을 거쳐 만들어졌다. 미국의 오바마 대통령도 진보파에 해당하는 민주당 소속이며, 영국의 블레어 전 수상은 좌파 성향인 노동당 소속임에도 실질적으로 보수당인 대처 수상의 정책을 거의 그대로 이어받는 정책을 추구하며 '블래처리즘(Blatcherism)'이라는 신조어까지 탄생시켰다.

보수와 진보의 개념은 서구 근대기에 시작되어 21세기 들어와서는 대립과 논쟁의 대상으로 큰 의미를 갖지 않는다는 것이 일반적인 견해이지만, 우리나라에서만 유독 보수와 진보의 대립이 사회적 갈등을 양산하는 도구로 작용하고 있다. 우리나라의 경우, 우 편향 의식이 심하게 된 이유는 남북분단 상태에서 군사적 대치상황이 큰 영향을 끼쳤다고 볼 수 있고, 민주화 과정을 거친 최근의 정치권에서도 쟁점을 단순화시켜 양분시키려는 수단으로 사용되고 있기에 그 갈등이 더욱 심하다고 할 수 있다.

세계화의 경쟁 속에서 미래를 만들어가야 할 우리나라인데 일부 보수 언론(?)에서는 '좌빨', '종북 좌파들의 기승', '친북', '종북 세력' 등의 자극적 용어를 통해 모든 논점을 상대적이고 이원적인 흑백논리로 단순화시켜 국론을 분산시키고 갈등을 심화시키는 현상이 안타깝기만 하다.

대혁명이라는 정치적 격변을 겪은 프랑스, 하지만 그들의 보수층은 자유와 평등, 박애로 대변되는 공화국 가치를 소중히 여기는 부분에서는 좌파 이상이다.

샤를 드골 대통령이 알제리 독립을 주장하며 간첩행위까지 저질렀던 철학자 사르트르를 처벌해야 한다고 주장하는 측근들에게 "내버려 둬. 그도 프랑스인이야."라는 멋진 말로 대응했다고 하는 일화나 뼛속까지 우파인 니콜라 사르코지 대통령조차 사회당 소속의 베르나르 쿠슈네르를 외무장관으로 임명하는 '통 큰 정치'를 보인 것 등이 대표적인 예이다. 물론 '국경 없는 의사회'를 창설한 사람을 외교 수장에 앉힘으로써 대외적으로 인도주의적 이미지를 부각시키려는 의도도 있었겠지만, 무엇보다 자신의 우파적 이미지를 보완함으로써 대내외적인 좌우 갈등을 해소하려는 노력의 일환이기도 하다.

미국 흑인인 제시 잭슨은 대통령 입후보 경선에서 미국 사회의 제도적인 병폐를 고쳐야 한다고 주장했다. 이때 '우'라는 사람들이 '좌'라고 비난했는데 잭슨이 점잖게 반박했다.

"당신네들, 하늘을 나는 저 새를 보시오, 저 새가 오른쪽 날개로만 날고 있소? 왼쪽 날개가 있고, 그것이 오른쪽 날개만큼 크기 때문에 저렇게 멋있게 날 수 있는 것이오"

그렇다. 인간보다 못하다는 금수의 하나인 새들조차 왼쪽 날개와 오른쪽 날개를 아울러 가지고 시원스럽게 하늘을 날고 있지 않은가? 그것이 건전한 국가발전의 원동력이자 우주와 생물의 생존의 원리인 것이다.

보수와 진보는 엄밀한 의미에서 상반된 이념은 아니다. 보수는 안정적이고 점진적인 변화를 추구하고 규율과 절제를 강조하며, 진보는 사회개혁을 추구하고 정의와 평등을 강조한다. 이들은 서로 배타적이지 않고 상호 보완적 의미를 지니고 있다.

프랑스 혁명기에 탄생한 보수와 진보의 사상은 인류 발전의 두 축이며, 기존 사회질서를 유지하려는 세력과 체제 개혁을 원하는 세력 간의 견제와 협력을 기록한 것이 바로 역사다. 보수가 '머리'라면 진보는 '가슴'이다. 가슴 없는 머리가 존재할 수 없고, 머리 없는 가슴도 의미가 없다.

인간은 사회의 변혁에 대한 가치관을 삶을 추구하는 방식에서 각자의 신념을 갖는다. 이러한 신념들이 집단으로 표출된 것이 이념이다. 이념이 균형과 이성에 기반할 때에는 긍정적인 영향을 미치지만 맹신이 되면 위험해진다. 더욱이 맹신이 집단차원에서 발호되면 국가와 사회의 근간까지 분열시키는 파괴력을 갖는다.

　사회적 갈등을 겪는 우리 사회도 증오를 해소하고 나와 다른 생각을 존중하며 차이 속에서 접점을 찾으려는 변화를 가져올 수 있도록 지혜를 모아야 한다. 이러한 변화의 내용과 속도는 보수와 진보의 합리적인 갈등의 결과로 나타나는 합의점에 따라 정해질 것이다. 나아가 보수와 진보가 이념적 갈등의 대상이 아니라 소통과 상생의 동반자로 바라보는 '열린사회', '통합사회'가 이루어져야 할 것이다.

남북 갈등

　앞으로 세대들이 살아갈 세상은 '통일'이라는 단어를 빼고는 생각할 수 없을 것이다. 정치적 통일까지 이루어질지는 알 수 없지만, 남북이 하나처럼 연결된 세상이 바로 다음 세대들이 살아갈 세상이다. 통일은 더 이상 꿈속의 일이 아니기에 젊은 세대들은 그들 나름대로 준비해야 할 일이 있고 기성세대도 만반의 대비를 해야 한다. 그것은 바로 통일을 향해 남북관계를 올바르고 건전하게 발전시켜 나가는 일이다.

　해방 후, 남과 북은 우익과 좌익으로 갈라져 민족끼리 총부리를 들이대는 비참한 지경에 이르렀다. 그 후 남과 북은 완전히 다른 체제를 유지하며 서로를 증오하고 비난하는 관계로 변질되어 버렸다. 또한 단순한 분단의 관계에서 남북한의 역사를 왜곡하고 정치적으로 피차 이용하는 불편한 대상이 되고 말았다.

나눔과 공존의 가치가 살아있는 사회

이런 역사적 상황에서 한반도는 4대 강국의 각축장이 되었고 그들은 남과 북의 분단을 이용하여 자국 이익 추구에 열을 올렸다. 이처럼 남과 북은 당사국의 의사보다 강대국의 논리를 좇아 분단을 고착화 그리고 장기화시키는 원인을 만들게 되었다.

물론 분단 이후, 남과 북은 지속적으로 대화와 반목을 반복하면서 한 발자국씩 다가서려고 노력했지만 이 역시 쉽지 않은 과정이었다. 또한 양측이 어려운 상황에서도 끊임없이 통일을 주장해 오고 통합을 위한 고민들을 해 왔지만 여전히 갈 길은 멀기만 하다.

불안하고 준비 없는 통일은 양측의 화합이 아니라 갈등을 더욱 증폭시키는 원인이 될 수 있다. 이런 상황에서 해방 후부터 현재까지 한반도의 상황을 살펴보는 것이 매우 중요하며 현재의 상황을 객관적 관점에서 이해하고 조망해야 한다.

우리나라의 많은 보수학자들은 북한의 대남전략과 무력침공을 여전히 우려하며 북한의 적화통일을 위한 공격에 대비해야 한다는 목소리를 높이고 있다.

그렇다면 현재의 북한이 과연 남한을 침공할 의사나 능력이 있느냐가 중요한 화두가 될 것이다. 물론 핵무기 제조나 핵 관련 개발이 북한의 자기 생존 차원에서 이루어지고 있다는 의견도 있다고는 하지만, 전 세계, 특히 남한에 대단히 위협적인 요소가 될 수 있다

남북한의 장기적인 냉전적 상황은 북한이나 남한이나 불행한 결과를 가져올 뿐이다. 만약 북한이 스스로 붕괴되는 경우 엄청난 수의 난민들이 남한으로 밀려들면 인권적 차원에서 외면할 수도 없고 일대

혼란과 함께 남북한 둘 다 큰 문제에 봉착될 수 있다.

남북한이 서로 부족한 부분을 채워주는 차원에서 교류와 협력으로 지속적으로 왕래한다면 처음에는 조금 힘들고 갈등이 있겠지만 장기적으로 보면 양측이 함께 번영할 수 있게 될 것이다. 남한의 월등한 경제력과 기술 그리고 북한의 엄청난 자원과 우수한 인재, 낮은 인건비, 육지로 오가는 다양한 세계적 유통 경로 확보와 물류비용의 절약 등 양측이 잃는 것보다 얻는 것이 훨씬 많다는 것을 알게 될 것이다. 그런 교류와 협력이 60여 년의 분단으로 인해 초래된 각종 오해와 증오, 갈등을 해소하는 지름길이다. 그렇게 되면 세계의 중심국가로 서는 통일한국으로 나아갈 것이다.

역사학자 아놀드 토인비는 이집트의 나일 강을 중심으로 발현한 문명권이 그리스, 로마, 영국을 거쳐 미국을 중심으로 꽃을 피웠으나 서구 문명은 아시아 문명권으로부터 많은 것을 받아들여야 한다고 했고, 영국의 줄리어스 노리치 경은 앞으로 로마반도와 유사한 동양의 반도에서 새로운 문명이 시작될 것을 확신한다고 주장했다. 조지 W. 부시 전 미국 대통령도 상하이에서 열린 보아스 포럼 연설에서 세계의 중심이 아시아로 이동하고 있다고 했다.

설용수 교수도 칼럼집『팍스 코리아나: 한국인 시대가 온다』에서 반만년 고난의 역사를 살아온 우리 한국이 다가오는 환태평양 문명권의 중심국으로 떠오를 것이라고 확신에 찬 주장을 폈다. 그는 외적으로는 한국전쟁의 폐허에서 일어나 현재 세계 10위권의 막강한 경제대국이 되었고, 내적으로는 세계 2조 사조인 신본주의(히브리 사상)와 인본주의(헬라 사상)가 남과 북을 중심으로 결집되어 있다고 말했다.

또 기독교의 재림주, 불교의 미륵불, 유교의 진인이 동방의 나라로 올 것이며, 우리 민족의 예언서인『격암유격』,『정감록』에서도 정도령이 이 나라에 온다고 했다.

인도의 시성 타고르, 중국의 석학 임어당, 미래학자인 허만 칸 등은 '한국은 영적 세계의 중심이 될 나라'라고 말한 바 있다.

이러한 내용들을 종합해보았을 때도 남북통일이야말로 세계의 4강을 리드할 강력한 국가로 도약하는 분기점이 될 것이다. 한반도의 평화와 통일은 남북한 모두에게 행복과 번영을 가져다주고 동북아와 전 세계에 새로운 가능성을 열어줄 것이다. 아울러 자주독립의 주인된 통일 정신과 애국애족의 마음을 되살리고 국혼을 새롭게 높이게 될 것이다.

계층 갈등

우리 사회의 계층 간 갈등이 갈수록 심각해져 가고 있다. IMF 금융 사태 이후 급속한 중산층의 붕괴와 자꾸 벌어지는 빈부격차 등에서 비롯된 것으로 우리 사회의 가장 큰 갈등과 위험요인이 되고 있는 것이다. 보이지 않는 계층 간 벽 때문에 허탈감과 좌절감이 사회적 증오로까지 나타나고 있다. 우리나라 한 해 예산이 300조 원를 약간 넘고 있는데 삼성경제연구소의 조사 결과 사회적 갈등 해소를 위해 연간

300조 원 가까이 투입하는 것으로 나타났다. 이 얼마나 국가적 낭비인가.

계층 간 갈등은 사회 전체 또는 그 일부분에서 사회적 자원 및 그획득 기회가 계층 간에 불공정하고 불평등하게 분배될 때 생기게 된다. 한 사회가 가지고 있는 사회적 자원은 개인에게 욕구 충족의 원천이 되는 물적 대상, 관계적 대상, 문화적 대상 등을 총칭한다. 소득, 재산, 권력, 위신, 지식, 교양의 정도가 모두 사회적 자원에 해당되는것이다.

사회적 자원은 누구나 소망하는 것으로서 수요는 크나 공급이 상대적으로 희소하기 때문에 그 분배를 둘러싼 경쟁과 투쟁의 사회관계가 형성되어 그 결과 분배가 불공평하게 이루어지게 된다. 즉 상위 계층일수록 사회적 자원을 많이 차지하고 하위 계층일수록 사회적 자원을 적게 차지하게 된다.

그러나 선진국의 경우 계층 간의 사회적 이동 비율이 높아 계층 갈등이 비교적 완화되어 있다. 즉, 계층 간 이동이 개인의 노력 여하에따라 비교적 자유로운 공정한 사회일수록 계층 갈등은 적게 나타난다는 것이다.

계층갈등을 완화하고 사회통합을 이루기 위해서는 경제적·사회적약자를 배려하는 사회풍토가 조성되어야 한다.

우리 사회는 급속한 산업화 과정에서 사회계층이 형성되었으나 계층갈등 해소방안을 마련하지 못한 채 오히려 정치세력에 의한 계층 간 갈등이 더욱 커지고 있는 것이 현실이다. 더욱이 우리 사회가 고도

화되고 전문화되면서 상대적 빈곤층의 증가와 함께 사회계층간 갈등이 심화되고 있다.

우리 사회의 계층 갈등의 근원은 분배정의 부재와 매우 밀접하게 관련되어 있다. 상류층의 경제적 부도덕성과 이를 조장하는 정부 시책과 구조(예를 들면 정경 유착)가 결정적인 문제가 되고 있는 것이다. 분배정의의 확립을 위해서는 정경유착 탈피, 소유의 대중화, 기업윤리 확립, 공생적인 노사관계, 과시적 소비행위 억제, 문화 창달에의 기여, 인간화 회복(환경오염, 산업재해 방지) 등을 실천해야 한다. 또 공정사회의 구현, 부동산 투기 억제와 민유지 소유 집중 완화, 교육기회 균등 제공, 사회보장제도 확충, 상위 계층의 노블리스 오블리제 강화 등의 방법도 있다.

한시라도 빨리 통합가치 정립 및 상생 추구, 갈등의 실효적 예방과 조정, 소통·공감의 통합문화 확산, 국민통합 기반을 구축하여 사회적 갈등을 완화하고 건전하며 발전적인 미래사회를 열어가야 할 것이다.

남녀 간 갈등

우리 사회는 지금 온갖 갈등으로 국론이 분열되고 국력이 분산되고 있는데 요즘은 남녀갈등까지 나타나고 있어 심각성이 커지고 있다.

키가 크고 재벌 2세는 아니지만 180은 되면서 연봉 6,000인 남자

…(중략)… 그런 남자가 미쳤다고 너를 만나냐

　-'그런 남자'

　성격 좋고 강남미인은 아니지만 건전한 일 하면서 내조 잘하는 여자 …(중략)… 그런 여자가 미쳤다고 너를 만나냐

　-'그런 여자'

　최근 온라인을 달군 노래 '그런 남자'와 이를 패러디한 '그런 여자'의 가사다. 가수 브로(Bro)의 '그런 남자'는 남자의 조건과 경제력만 따지는 여성을 비꼰 가사로 온라인에서 큰 반향을 일으켰다. 여성을 비하했다는 논란에도 이 노래는 20대와 30대 남성들의 큰 지지를 받으며 일주일 만에 유튜브 클릭 수 100만을 돌파했고 4월 첫째 주 온라인 음원순위(가온차트) 1위를 했다.

　이에 맞서 한 여성그룹이 '그런 남자'의 가사를 여성의 외모에만 집착하는 남자를 풍자한 가사로 바꾼 '그런 여자'도 여성들의 지지를 받으며 인기를 끌었다. 최근 남녀 성性 대결 현상이 온라인상에서 한껏 고조된 씁쓸한 현상이다. 남성과 여성이 편을 가르고 서로 헐뜯는 현상이 벌어지고 있는 것이다.

　최근 온라인상에서 우리나라 남성들이 쓴 여성을 비하하는 글을 쉽게 볼 수 있다. 온라인에서 여성을 비하하는 대표적 표현은 '된장녀'를 넘어 '김치녀'까지 등장했다. '김치녀'는 남성에게 경제적으로 지나치게 의존하거나 허영심 많은 일부 한국 여성을 비하하는 신조어다. 자신의 경제적 상황을 고려하지 않고 해외 명품을 맹목적으로 좋아하는

나눔과 공존의 가치가 살아있는 사회

여성을 비하하는 '된장녀'와 비슷한 맥락의 표현으로 '김치녀'는 '된장녀'보다 포괄적으로 '개념 없는' 여성을 지칭하며 비난의 강도가 더 높은 말이다.

여성 비하 발언의 주제로는 데이트나 결혼 비용 대부분을 남성이 부담하는 것을 당연하게 생각하는 여성, 병역의무가 없어 군대에 가지 않는 여성, 해외 명품 구매 같은 과시적 소비를 좋아하고 성형수술을 하는 여성, 여성가족부 활동에 대한 비난 등이 주를 이룬다.

남녀 성 갈등 현상은 현실에서도 자주 볼 수 있다. 한국 사회에서 남성에 대한 역차별을 해소하겠다며 2008년 등장한 '남성연대'가 대표적으로 이 단체의 대표가 한강 다리에서 뛰어내리는 퍼포먼스를 하다 사고로 목숨을 잃으며 논란의 중심에 섰다. 모든 여성을 싸잡아 '김치녀'로 비하하는 현상에 대한 여성들의 반발도 거세다. 이처럼 최근 들어 남녀 성 갈등 현상이 심해진 이유는 우리 사회 전반에 깔린 젊은 남성들의 불안심리를 보여주는 것이라 생각한다.

현재를 살아가는 우리 사회의 남성은 부모세대와 달리 여성들과 일자리를 놓고 경쟁하는 상황에 직면했다. 여성의 권리가 커지고 사회진출이 활발히 이뤄지면서 상대적으로 사회적·경제적 입지가 좁아진 일부 남성의 불안 심리가 표출되기 시작한 것이다. 여성이 군 복무를 하지 않은 것은 역차별이라고 주장하는 남성이 늘어나는 이유도 같은 맥락이다. 군 복무를 하는 동안 여성은 취업준비에 집중할 수 있으므로 남성이 불이익을 받는다는 것이다.

또한 가부장적인 사회에서 남성에게 요구되던 가족부양 의무와 '남

PART II 사회(社會, Society)

성은 여성을 배려해야 한다.'는 일부 통념에 부담을 느끼는 남성도 늘고 있다. 불황이 지속되며 경제적으로 여유가 없는 상황에서 남성에게 사회적·경제적 책임을 떠넘기는 듯한 태도를 보이는 일부 여성의 행동을 '김치녀'라고 비난하는 데서 이런 모습을 엿볼 수 있다.

결국, 남성은 여성에게 차별을 받고 있다고 여기고, 여성들은 남성에게 차별을 받고 있다고 느끼고 있기에 이런 서로가 서로에게 피해를 받고 있다는 불만이 밖으로 표출되면서 남녀간 갈등이 커지고 있는 것이다. 모두가 한 마음 한 뜻으로 공동체의 마음으로 생활하고 우리 사회를 이끌어 나가야 하는데 남녀 성性 간 갈등과 대립은 매우 심각한 우려를 하지 않을 수 없다.

남성과 여성은 본질적으로 많은 서로 다른 차이를 가지고 있다. 이런 서로 간의 차이를 이해하고 조금 더 이해하려는 노력이 필요하며 이를 통해 서로에 대한 배려가 나오게 된다. 이것이 기본적이면서도 아주 건전한 남녀차별 해결방안이 될 것이다.

남녀갈등은 우리 사회가 안고 있는 슬픈 자화상으로 건전하고 긍정적 전환을 통해 우리 사회가 발전적 방향으로 나아갈 수 있도록 해야 한다.

고령화 사회와 직면한 세대 간 갈등

경제협력기구(OECD)는 65세 이상의 인구 비율이 7% 이상일 때 고령화 사회, 14% 이상일 때 고령 사회, 20%가 넘을 때 초고령 사회로 구분하고 있다. 우리나라는 이미 2000년 7.2%를 기록하며 고령화 사회로 진입했고 다가오는 2018년 14.3%로 고령 사회, 2020년 후반에는 20%를 넘어설 것으로 예측하고 있다.

우리 사회가 급속한 노령화가 진행되는 이유는 저출산과 의학의 발달로 인한 평균수명의 연장에 기인한다. 그런데 문제는 고령인구비율이 높아지면 높아질수록 실제 노동을 할 수 있는 실질노동인구는 감소한다는 데에 있다. 이는 결과적으로 국가 경쟁력과 생산력의 질적 저하와 함께 국가잠재성장률 또한 하락시키는 연쇄작용을 유발한다. 또한 노동생산인구의 급감과 고령인구에 대한 부담으로 정부의 재정지출이 증가하고, 이에 따른 정부의 공공부채와 재정적자는 급등할 수밖에 없다.

현재 베이비부머(1955~1963년생) 세대는 산업화와 민주화를 모두 경험하면서 우리나라의 오늘을 만든 실질적인 주역들인 이들이 은퇴를 눈앞에 두고 있는데 이들 중 대부분이 은퇴 이후의 삶이 넉넉하지가 않다는 것이 우리 사회가 직면한 문제이다.

지금 고령화 추세는 거스를 수 없는 전 세계적인 현상이다. 세계 각국은 시간이 갈수록 급격하게 늘어나는 노령층 그리고 그와 반대로 심각하게 줄어드는 미래 세대 간의 불균형으로 인한 사회 구조의 변화에 제대로 대응하지 못해 고전을 면치 못하고 있다.

늘어나는 노인들의 부양과 관련된 세금 문제와 국민연금, 건강보험 문제 그리고 기성세대들의 자산을 지켜주기 위한 부동산 부양책, 청년실업을 도외시한 정년연장… 이 모든 문제들이 기성세대가 받는 혜택이 커질수록 미래세대의 부담이 가중되는 세대 간 불평등에 기인한, '세대 간 갈등'의 문제로 귀결될 것이다.

더 큰 문제는 막강한 인구수로 인해 기성세대의 정치적 힘이 커감에 따라 노인복지는 점점 더 강화되는 반면, 정작 우리 미래를 위해 가장 필요한 미래세대에 대한 투자는 계속 외면당하면서 그 격차가 점점 더 벌어지고 있다는 점이다. 물론 오늘날의 경제발전은 기성세대의 헌신적인 노력과 희생에 의해서 이뤄졌다. 따라서 이러한 발전을 이끌어온 기성세대에게 노후복지 혜택을 제공하는 것은 후세대의 당연한 의무이며, 그만큼 세대 간 불균형도 어느 정도까지는 용납되어야 한다. 그러나 미래세대가 견딜 수 없을 정도로 현 세대가 주는 부담이 커진다면, 그때는 미래세대들의 삶만 황폐해질 뿐만 아니라 기성세대들의 안정된 노후까지도 보장받을 수 없다.

현재 남유럽과 일본 등 많은 국가는 경제위기 이후 국가재정이 매우 위태로운데도 고령층을 위한 의료비, 연금 등 다양한 복지 지출에 천문학적인 돈을 쏟아 붓고 있다. 그런데 이것을 '증세 없이' 해결하기 위해 대부분을 국가부채에 의존하고 있어 날이 갈수록 미래세대로 떠넘겨지는 빚더미가 눈덩이처럼 불어나고 있다.

그러나 정작 이 빚더미를 고스란히 떠안게 될 청년들은 지금 당장 일해서 안정적인 소득 기반을 쌓아도 모자랄 판에, 복지의 사각지대에서 절반 가까이가 실업 상태로 허덕이고 있다. 빚으로 시작하는 대학등록금과 높은 실업률로 미래조차 암울한 그들은 이제 결혼과 출산조차 꺼리는데, 이러한 심각한 상황에 대해 정부는 마땅한 해결방안을 내놓지 못하고 있다.

자신들에 대한 외면과 착취로 불평등이 심해지자 이에 반발한 청년세대가 다양한 방법으로 저항에 나서면서 지금 세계 곳곳에서는 세대가 갈등이 증폭되고 있다. 우리나라 역시 이 갈등에서 결코 자유롭지 않다. 청년층의 인구와 소득감소는 우리 노후의 삶에 가장 직접적으로 영향을 미친다. 기성세대가 자신들의 노후를 위해 미래에 위험을 떠넘기는 전략을 지금처럼 지속한다면, 청년세대들의 소득이 점점 더 줄어들어 그들의 삶이 더욱 힘들어질 것이다 이러한 청년층의 소득 감소는 시장의 소비 감소로 이어지고, 이는 기업의 투자와 산업경쟁력, 경제 전체의 성장문제로까지 이어진다. 또한 삶이 힘겨운 청년세대들이 결혼과 출산마저 포기한다면, 기성세대의 노후복지를 지탱해줄 젊은 세대 자체가 크게 줄어들어 재원 확보조차 어려워진다. 지금 당장 눈에 보이는 이익 때문에 미래세대에게 그 모든 부담을 미룬다 해도, 결국 모든 것은 우리 자신의 미래와 노후 생활을 악화시키는 부메랑이 되어 돌아 올 것이다.

이와 반대로 미래세대 전체를 아우르는 정책을 시행한다면 얼마든지 더 나은 미래를 꿈꿀 수도 있다. 젊은 세대가 탄탄한 경제적 기반을 세울 수 있도록 돕는다면 그들은 한국 경제를 지탱하는 버팀목이 될 것이고, 그들이 부를 축적할 기회를 갖게 되면 이것이 바로 기성세대가 보유한 부동산 가치를 지키는 가장 강력한 수단이 될 것이다. 아울러 젊은 세대가 다시 결혼과 출산에 적극적으로 나서서 미래세대의 인구가 늘어나면 한국경제는 활력을 되찾고 재성장의 기회를 가지게 된다.

곧 다가올 미래에는 청년이 국가 최고의 자산이자 가장 중요한 자원이 될 것이다. 우리 사회 기성세대의 미래는 물론 안정된 노후도, 우리가 얻고자 하는 혜택들도 모두 이들에게 달려 있다. 따라서 지금 직면해 있는 심각한 고령화의 문제나 세대 간 불평등으로 인해 벌어지는 치열한 세대 갈등을 어떻게 푸느냐에 따라 우리의 미래가 달라질 것이다.

지금 당장 세대 간 갈등을 끝내고 우리 모두의 미래를 위한 합리적 균형점을 찾지 못하면, 우리는 일본이 겪었던 장기불황보다 더욱 심각한 위기에 빠질 수 있다.

청년세대의 가치를
먼저 깨닫는 나라에
미래가 있다

독일이나 북유럽 국가들은 고령층에 대한 강력한 복지제도와 함께 아동과 청년세대를 위한 복지에도 노력을 기울여 복지혜택의 형평성을 확보함으로써 세대 간 갈등을 비교적 잘 풀어가고 있다. 이들 국가는 강력한 청년취업 정책과 실업구제 정책을 통해 청년 실업자들이 도태되지 않고 산업전선으로 돌아올 수 있는 기회를 확대하고, 청년들의 주거비를 지원하여 젊은 세대가 경제생활을 시작하자마자 집값에 짓눌린 하우스푸어가 되는 것을 미연에 방지하는 등 다양한 청년에 대한 투자로 경제적으로 자립할 수 있도록 유도한다. 뿐만 아니라 더 혁신적인 일에 도전하게 함으로써 경제 전체의 생산성을 높이는 데도 큰 역할을 담당하고 있다. 또한 젊은 세대가 자산을 축적해 더 안정적인 생활을 할 수 있는 것은 물론, 부동산이나 주식시장에서 새로운 매수주체가 되게 함으로써 자산가격 안정에도 기여하고 있다.

독일과 북유럽 국가에서 이같은 세대 간 균형이 이루어지기까지는 많은 청년들의 적극적인 도전과 활발한 사회 참여가 있었다. 독일의 경우에도 경기불황이 올 때마다 기성세대는 끊임없이 대학 등록금의 유료화를 시도해 왔다. 하지만 대학생들은 적극적인 행동과 의사표시를 통해 강력하게 반발했으며 기성세대는 그런 청년들의 목소리를 무시하지 않고 귀를 기울여 정책에 반영함으로써 지금의 균형을 만들어 온 것이다. 핀란드도 노키아의 부진 이후 극심한 경기불황까지 겹치자 가장 먼저 대학생 복지부터 축소하려 했지만 대학생들이 적극적으로 사회적 활동에 참여해 자신들의 의견을 개진하고 행동에 나서면서 청년복지 축소 움직임을 조기에 봉쇄했다. 덕분에 청년들은 실패를 두려워하지 않고 벤처 불모지였던 핀란드에 단 2년 만에 창업 생태계를 만드는 놀라운 기적을 만들 수 있었다. 불황 속에서도 유지된 청년복지 투자가 핀란드 청년들의 놀라운 혁신과 창조적 도전을 후원하는 핀란드 경제의 마지막 버팀목이 되었던 것이다.

이와 반대로 일본은 고령층 복지에 투입되는 예산으로 인해 사상 최악의 국가부채에 시달리고 있는데도 재정적자를 줄이기 위한 시도는 매번 기성세대의 반대에 부딪쳐 실패를 거듭하고 있다. 결국 천문학적인 빚을 떠안은 젊은 세대들이 미래의 희망을 잃고 '사토리 세대[2009년에 출판된 『탐을 내지 않는 젊은이들』에서 마치 득도得道라도 한 것처럼 소비 욕망을 억제하고 사는 젊은 세대]'가 되어가면서 일본은 최악의 세대 간 갈등국면으로 치닫고 있다.

우리나라의 세대갈등 상황은 사실 일본보다 더 나쁘다. 1970년대 이후 빠른 경제발전을 이루어왔던 한국의 기성세대는 정말 진취적이어서 무엇이든 도전하면 할 수 있다는 자신감이 넘쳤고 실제로도 세계적으로 유례없는 성공신화를 이루어 왔다.

하지만 2000년 이후 한국 경제의 성장 엔진이 서서히 꺼져가자 베이비부머 세대가 부동산이나 주식 같은 자산시장에 지금까지 번 돈을 모두 쏟아 붓는 바람에 은퇴자금까지 부동산에 묶여버렸다. 경제성장이 정체된데다 부동산 값까지 하락하기 시작하자 기성세대는 미래세대가 벌게 될 돈까지 탐내기 시작했다. 경제발전의 주역이자 가장 진취적이었던 세대가 이제 은퇴시기를 맞자 자녀세대와 밥그릇 경쟁을 벌이는 안타까운 현상이 일어나고 있는 것이다.

지금 우리나라의 미래주역이 될 청년세대들의 직장은 미래를 꿈꾸기조차 힘든 비정규직 시간제 근로가 대부분이다. 외환위기 이후 우리나라 기업들이 정규직 수를 줄이고 그만큼의 인원을 계약직 직원으로 대체함으로써 젊은 세대의 소득은 그 이전 세대보다 상대적으로 점점 더 열악해지고 있다. 지금 우리의 청년세대들은 연애와 결혼, 출산을 포기한 '삼포세대'가 되어가고 있다.

세대 간 밥그릇 싸움에서 밀린 젊은 세대가 미래를 포기하고 의욕을 상실해버린 일본의 사토리 세대를 닮아가는 것은 이제 시간문제다. 그렇게 되면 한국 경제는 내수침체로 심각한 저성장의 늪에 빠지고 부동산 등 기성세대가 보유하고 있는 자산가격도 폭락하게 되어 결국 젊은 세대들이 더욱 삼포세대가 되어 궁극적으로 우리나라 경제 전체가 파국으로 치달을 것이다.

지금 우리 사회는 매우 중요한 기로에 순간에 서 있다. 기성세대가 상황을 좀 더 냉철하게 인식하고 내 자녀를 아끼는 마음으로 미래세대 전체를 껴안는다면 세대갈등을 넘어설 대안을 더 쉽게 찾아낼 수 있을 것이다. 청년세대 역시 사회에 대한 무관심이나 패배주의에 빠지지 말고 적극적으로 자신들의 의견을 표출하며 그것이 전달되도록 행동해야 한다.

세대 간 갈등을 해소하고 기성세대와 청년세대가 함께 손을 맞잡고 미래로 나갈 것인지, 아니면 가라앉는 배 위에서 서로 뺏고 뺏기는 처절한 전쟁을 계속하다 모두 함께 몰락할 것인지는 이제 우리의 선택에 달려 있다.

전 세계가 직면하고 있는 이러한 상황에서 청년의 가치를 먼저 깨닫고 지혜롭게 대처한다면 우리는 세계가 부러워하는 나라가 될 것이다.

통합과
화합의
대한민국을 향해

우리 사회의 사회갈등지수는 OECD 27개국 중 두 번째로 높고 이에 따른 경제적 손실이 최대 246조 원에 이른다고 한다.

지금 우리 대한민국은 말 그대로 '갈등공화국'이다. 앞에서 이미 보았듯이 우리 사회의 갈등의 골은 깊고 다양하나 이를 조정하고 치유할 능력은 바닥이라는 데에서 문제가 심각하다. 다양한 갈등으로 국력은 훼손되고, 국민 서로의 마음의 벽은 높아지기만 한다.

갈등 없는 사회는 어느 곳에도 없겠지만 중요한 것은 갈등이 왜 생겨나고 그것을 어떻게 풀어가는가에 대한 답은 없는 상황이며 국민적 노력 또한 부족한 상황이다. 귀에 익숙한 말인 '불통', '반대를 위한 반대', '발목 잡기', '편 가르기'는 우리 사회의 갈등이 얼마나 깊어져 있는지 잘 드러내는 말이다.

갈등을 조장하고 확대하는 무리들은 많지만 갈등을 조정하고 해결하는 능력을 발휘하는 곳은 없다. 갈등 해소의 기능을 갖추어야 할 정치권은 도리어 허황된 공약으로 각종 갈등을 오히려 자극함으로써 그 기능을 상실했다. 소통 없는 정부, 사회적 책임을 회피하는 기업, 지역 주민의 이기주의부터 계층, 세대 간 갈등에 이르기까지 누구나 깊어진 갈등의 책임에서 자유로울 수 없는 게 현실이다. 상대를 인정하고 타협하는 성숙한 국민의식이 절실할 때다. 갈등이 많은 이 나라에서는 성장도, 일자리도, 국민행복도 멀리만 느껴진다.

여러 사람들이 모여 사는 한 갈등을 피할 수는 없다. 하지만 갈등의 와중에서도 상호 공동의 이익기반을 도출해 타협점을 찾으려는 노력이 필요하다. 물론 갈등의 골을 메워야 한다는 주장은 누구나 할 수 있는 말이지만 현실적으로 실행하기 쉽지만은 않다. 사회구조나 국민의식이 근본적으로 바뀌어야 하는 문제다.

하지만 우리 내부에는 IMF 금융위기 상황 때 보여준 금모으기 운동이나 2002년 월드컵 때 전 세계를 놀라게 한 연대와 응집의 유전자(DNA)가 있다. 여기에서 우리는 통합의 에너지를 이끌어 내야 한다.

지금부터라도 개인 간이든 집단 간이든 갈등을 해소하여 우리 사회에 태평성대를 이루고, 희망적인 미래 기반을 구축해야 할 것이다. 갈등을 해소하려면 국민 스스로 조금씩 양보하고 상대방을 배려하는 희생정신과 공동체 의식이 필요하다. 역지사지의 자세로 한 발씩만 물러선다면 우리 사회 갈등을 해소하고 국민 화합을 이룰 수 있다.

왜 공부하는가?

참교육의 궁극적 목적과 가야 할 길은?

인성 교육이 우선이다

어떤 교육이 참된 교육일까?

학교교육보다 가정교육이 우선이다

우리 사회는 살아 있는 교육장이다

교육(教育, Education):
인성이 함께 하는 참교육

PART III

왜
공부하는가?

　유태인들이 미국 아이비리그 학생의 30%를 차지하고 역대 노벨상의 23%를 휩쓸었다는 내용의 기사를 보고 치열한 공부의 나라 대한민국에 태어나 공부를 숙명처럼 여기고 사는 우리나라는 왜 다른 결과를 나타내고 있는가 하는 의문을 가져본 적이 있다.

　사실 전 세계 인구의 0.2%에 불과한 유태인들이 다양한 분야에서 기적적인 성취를 이루며 세계를 주도하는 그들의 성과는 전혀 놀라운 것은 아니다. 유태인들의 공부철학과 전략 속에서 매우 중요한 사실을 하나 발견할 수 있다. 바로 공부가 그 사회의 사상과 문화가 반영된 '역사적 산물'이자 '문화적 자산'이라는 것이다. 바로 유태인 고유의 공부철학과 공부방식이 그들 사회의 사상과 문화로부터 비롯되었다는 것이다. 그들의 공부가 유대 문화에 강력한 영향을 미치고 있고 그들의 문화와 공부는 서로 상호작용하는 떼려야 뗄 수 없는 특별한 관계인 것이다. 이는 다른 문화권에서도 마찬가지이다. 한 사회의 공부와 그곳의 문화, 삶의 방식은 서로 긴밀한 영향을 미치면서 학문적 성과를 만들어 내고 고유의 문화를 지켜나가고 있다. 그러므로 각 나라의 공부방식은 다 다를 수밖에 없다.

우리나라는 국토도 작고 천연자원도 부족하여 지금까지 교육에 많이 의존해 왔다. 그래서 자녀가 사회의 표준과 평균에서 낙오되는 것에 대한 강한 두려움을 갖고 있고 이로 인해 자녀교육에 전력투구할 수밖에 없다는 인식이 팽배하다. 급격한 산업화로 인한 경쟁 속에서 자신의 아이가 다른 아이보다 뒤처지면 안 된다는 생각이 강하고 이런 심리가 대한민국 엄마들의 의식 밑바닥에 깔려 있기 때문에 불안과 혼란만 가중시키는 공교육 대신 사교육에 의존하게 된다.

우리들에게 공부는 크게는 인류의 생존과 번영, 국가의 지속적 유지와 발전, 작게는 자신의 안녕과 발전을 위한 수단이고 그로 인해 저마다의 방식으로 공부에 몰두하고 있다.

그러나 모두가 치열한 경쟁사회에서 살아남고 발전하기 위해서만 공부하는 것은 아니다. 정도의 차이만 있을 뿐, 세상에 대한 호기심과 알고자 하는 욕구 때문에 공부하는 이들도 많다. 또한 많은 사람들이 자신에게 주어진 삶, 인간이라는 존재 자체, 나아가 세상과 우주의 이치를 깊이 통찰하기 위해 공부하기도 한다. 공부는 인생의 도리를 이해하게 해 주고 더욱 분명하고 확실한 인생의 길을 가게 해 준다. 또한 어떠한 것이 진정한 사람인지, 어떻게 해야 좋은 사람, 훌륭한 사람이 되는지, 어떻게 해야 사회발전에 도움을 주는 사람이 될 수 있는지에 대해 진지하게 고민하게 한다.

공부는 인류 보편의 테마이자 인류 문명의 발전을 가능하게 하는 원동력이며 그 자체가 인류 문명을 이해하는 하나의 문화 코드다. 따라서 공부를 보면 과거의 우리가 보이고 현재의 우리, 미래의 우리가 보인다. 그러므로 공부가 아무리 험난하고 힘들어도 과거에도 그랬고 현재와 미래에도 우리가 가야 할 길인 것이다. 그 숙명을 겸허히 받아들이고 끊임없이 공부하고 배울 때 작게는 나부터, 크게는 국가와 인류 문명까지 더욱 풍요롭고 큰 번영을 누릴 수 있다.

참교육의
궁극적 목적과
가야 할 길은?

우리나라의 학부모들은 모두가 서양의 소위 말하는 '좋은 교육'을 부러워하고 왜 우리나라는 그렇게 교육할 수 없느냐고 묻는다. 하지만 그런 교육을 불가능하게 하는 것도 정작 학부모들인지도 모른다. 서양의 그 좋은 교육은 학부모가 교사의 판단을 신뢰하기 때문에 가능한 교육이기에 교육의 3주체 학생, 학부모, 교사가 서로 신뢰하지 못하는 지금 같은 사회 현실에서는 좋은 교육은 현실적으로 쉽지 않다.

몇 해 전 영국 최고 명문 사립고교인 이튼칼리지와 세인트폴남자고등학교가 영국 정부의 사립학교 성적순위표 작성 정책을 거부하기로 했다. '젊은 교사들은 좋은 성적을 내기 위해 심한 압박을 받고 있고, 이런 문화는 교사와 학생을 시험 중독자로 만든다.'는 것이 취지였다.

시험, 평가 경쟁이라는 것은 개인이나 사회가 발전하는 데 중요한 감초의 역할을 한다. 경쟁자가 있을 때에 더 열심히 하게 되고, 더 좋은 제품을 만들고, 서비스가 개선되고, 또 더 우수한 인물들이 배출된다.

그래서 정치, 경제, 문화 등 사회의 모든 영역에서 리더들은 경쟁을 부추기고, 시스템을 경쟁체제로 갖추려고 한다.

교육 또한 예외가 아니다. 그러나 경쟁은 다른 한편에서 많은 부작용을 갖고 있다. 그리고 그 부작용은 아직 분별력이 형성되지 못한 어린이와 청소년에게 더욱 치명적일 수 있다. 누구나 너도나도 좋은 대학을 목표로 하고 그 좁은 구멍으로 들어가려고 하는 우리 사회의 현실에서, 교사와 학생들은 더욱 더 치열한 경쟁의 장으로 내몰려 그야말로 학교가 무한경쟁을 치르며 바른 가치와 인성을 심어주는 전인격적인 교육이 뒷전으로 밀리고 있는 것이다. 그리고 공부와 성적이라고 하는 획일적인 가치관 속에서 경쟁에 뒤처진 아이들은 자기 정체성을 상실하고 낮은 자존감 아래서 허덕이고 있다.

무엇보다도 우리의 자녀들은 이 중요한 시기에 강한 자와 약한 자, 우수한 자와 부족한 자들이 함께 어우러져서 사는 공동체 의식을 교육받지 못한 채 도리어 오직 자기 행복만을 추구하는 이기적인 사람으로 훈련되어 사회로 나가고 있다. 이런 이기적인 사람들로 만들어진 사회 속에서 살아가는 것이 과연 행복할 수 있을까?

우리의 교육은 대학입학, 취업을 위한 것 그 이상이 되어야 한다. 교육의 본래 목적은 기능인이 아니라 사람을 만드는 것이다. 그리고 그 사람이란 홀로 살아갈 줄 아는 자가 아니라 더불어 살아갈 줄 아는 자를 말한다. 그 더불어 사는 삶 속에는 언제나 경쟁에 뒤지는 약한 자를 돌아볼 줄 아는 따뜻한 마음이 필요하다. 이것이 행복한 사회를 만들어 가는 근본이자 교육의 목적이고 이 사회에서 잊혀 가는 공동체성을 회복하는 길이 우리 교육의 길인 것이다.

교육은 백년지대계百年之大計라고 했다. 먼 미래를 내다보고 해야 할 만큼 중요한 일이라는 것이다. 우리의 교육이 교육의 본질을 회복할 수 있도록 교사로서, 학부모로서, 또한 국가 정책적 차원에서, 각자의 역할에 최선을 다할 수 있기를 희망한다.

인성
교육이
우선이다

요즘 우리 사회는 소위 물질만능시대의 최고조에 달한 것 같다는 생각을 갖게 된다. 영어만 배우다가 역사와 윤리가 없어지고, 몇 억을 벌 수 있다면, 몇 년 감옥에 가도 괜찮겠다는 청소년들이 부지기수인 세상이 되어버렸다. 이런 모든 것들은 인성 교육이 등한시하고 물질만능주의 사회로 인격과 양심보다는 돈이 우선하고 돈이면 다 된다는 생각으로 공공의 선을 행하는 사람들은 오히려 바보가 되는 세상이 되면서 나타나게 된 사회적 현상이다.

가정교육에서부터 학교교육에 이르기까지 윤리도덕을 올바르게 가르치고 인성교육에 심혈을 기울여야 할 때이다. 그것만이 병들어 가는 우리 사회를 되살릴 수 있다.

예전에는 인성이 바르고, 효심이 깊으며, 정과 사랑이 넘치는 삶을 산다면 성공적인 사람이라고들 했다. 그런데 요즘은 인성과 효, 윤리도덕이 쇠퇴하고, 인성과 적성을 무시하며, 오로지 성적에 얽매여 수년의 노력이 하루 만에 결판나고, 거꾸로 가나 모로 가나 결과만 좋으면 된다는 현실에 마음 한쪽이 매우 불편함을 느끼게 된다.

사람이 동물과 구별되는 것은 우리가 단순히 생존을 위해서나, 육체의 욕구를 채우기 위해 존재하는 것이 아니기 때문이다. 인간이 존재하는 것은 생존 이상의 것, 육체적인 욕구충족 이상의 것, 아니 더 나아가 행복 이상의 어떤 가치를 실현하기 위해서라는 자각이 없다면 우리는 끝끝내 일차원적인 삶의 한계를 벗어날 수 없을 것이다.

인간은 육체 없이 살 수 없으므로 육체의 요구를 채워주지 않으면 안 된다. 그래서 절대빈곤 상태에서는 고상한 가치를 추구하는 것이 사치일 수 있다. 그러나 절대빈곤을 벗어난 것은 물론 남부럽지 않을 물질적 풍요를 누리면서도 우리가 여전히 삶의 물질적인 조건을 채우는 일에만 골몰한다면 이는 인간의 존엄을 스스로 팽개치는 것으로서 심히 부끄러운 일이 아닐 수 없다. 그러한 때 우리는 육체의 노예, 물질의 노예 이상도 아닌 것이다. 아무리 많은 것을 소유하더라도 자기 삶의 주인이 되지 못하고 자기가 소유한 것의 노예로서 살 수밖에 없는 것이다.

우리 청소년들이 물질의 노예가 아니라 자기 삶의 참된 주체로서 살아갈 수 있도록 교육하려면 삶에서 먹고 사는 문제 이상의 가치가 있다는 것을 가르치지 않으면 안 된다. 우리가 그런 생존 이상의 가치를 능동적으로 실현할 때에만 우리의 삶이 의미를 가질 수 있다는 것을 일찍부터 가르치지 않는다면 우리의 아이들은 다시 우리처럼 생존의 노예로서 잘먹고 잘살기 위해 사는 물질적 삶에서 벗어날 수 없을 것이다.

그러나 오늘날 기성세대들은 아이들에게 전수해야 할 어떤 가치를 가지고 있는가? 인간의 역사는 단순한 생존의 과정이 아니라 가치와 이상의 전승 과정이다. 우리는 과연 우리 미래의 주역인 청소년들에게 어떤 가치를 물려주고 있으며, 어떤 것들을 물려주어야 할까?

요즘에는 집단동반자살 사건, 교사폭행 사건, 부모살해 사건 등등 학생들이 저지르는 차마 말로 표현할 수 없는 사건들이 매일같이 자주 일어나고 신문이나 언론을 통해서 보도된다. 이러한 현실은 우리가 인성교육을 등한시하여 나타난 결과이므로 인성교육을 제대로 해주지 못한 것에 대해 반성해야 할 것이다.

교육의 목적이 사람을 사람답게 만드는 것이라는 생각은 예로부터 이어져 왔다. 그래서 전인교육이란 말도 생겼고, 전인 교육을 위한 노력은 오랜 세월 동안 지속되어왔다. 우리의 미래인 청소년들이 다른 사람의 입장을 고려하고 성숙한 인간이 되도록 하기 위해서라도 인성교육은 반드시 필요하다.

요즘 우리의 아이들은 공부만 잘하면 모든 것이 최고라고 생각하며 학교생활을 하고 있다. 또한 그것을 학교도 원하고, 무엇보다도 부모가 원하고, 사회도 원한다. 학생들이 자라면서 당연히 받아야 할 인성교육은 가정의 몫으로 돌리고 학생들은 일류 대학 입학만을 인생 최고의 목표로 생각하며 학교교육보다는 학원으로 내몰려 지식 우선주의 교육을 받는다.

즉 교육 내용이 착하고 예의 바르고 성실한 인간이 되도록 만드는 것이 아니라 영어 잘하고, 수학문제 잘 풀고, 피아노나 컴퓨터 잘하는 등 기능이 뛰어나면 최고의 자녀요, 최고의 학생이라고 가르치고 있다. 남을 배려하고 친구들과 잘 어울리며 더불어 살아가는 가슴 따뜻한 아이로 키우는 것이 아니라 친구보다 뭐라도 더 잘해야 하고 남을 배려하기보다는 내가 우선되어야 하는 논리가 정당화되는 교육이 지금 우리의 아이들이 받고 있는 교육이다. 수능과목이 아닌 세계사 같은 과목의 선생님은 허수아비일 뿐, 학생들은 그 시간에 영어, 수학 같은 다른 공부를 하고 선생님이 보아도 지적도 하지 않는다. 그러니 선생님들이 아이들을 가르칠 맛이 나겠으며 아이들이 선생님 대접이나 제대로 해 주겠는가?

우리와 우리 아이들의 미래를 위해서라도 인성이 우선되는 교육이 이뤄져야 한다. 인성교육이란 학교교육뿐 아니라 우리가 살아가는 본질이다. 사람다운 사람을 만드는 것은 인성교육만을 통해서 가능하다.

학생 개개인이 가지고 있는 개성과 창의성이 무시되고 일류 대학 졸업장만으로 사람의 가치를 평가하는 사회구조를 바꾸지 않으면 교육다운 교육은 불가능하고 말로만 인성교육의 중요성을 외칠 뿐 현실은 변하지 않는다.

어떤 교육이
참된 교육일까?

예전 우리 부모세대들은 남의 자식을 자신의 자식보다 더 소중하게 여기며, 친구들과 잘 지내는 것이 최고라고 가르쳐 왔는데 요즘의 부모들은 모두가 자기 자식은 특별하다고 여기고 친구들과의 관계도 경쟁적 관계로 인식하는 경향이 강하다. 참 안타까운 현실이다. 우리 자녀들에게 무엇을 어떻게 가르쳐야 할지를 생각해보게 되는 좋은 두 가지 사례가 있어 이야기하도록 하겠다.

첫 번째 사례는 KBS 드라마 '부부클리닉 사랑과 전쟁'에서 소개된 이야기다. 자신의 자녀가 남들보다 항상 경쟁에서 앞서 사회적으로 성공하기만을 바란 부부가 나왔다. 자신들의 모든 것을 다 바쳐 자녀를 교육시켜 세계 최고의 학교에 입학시키고 사회적으로 성공시켰는데 감사하기는커녕 부모도 모르게 결혼하고 나중에 부모를 남 대하듯 하는 자식으로 인해 가슴 아픈 삶을 살고 있는 이야기였다.

두 번째 사례는 이재철 목사의 『비전의 사람』에서 소개된 가슴 찡한 이야기다. 아버지가 실직하고 몹시 괴로워하는 모습을 보며 마음 아파하는 한 소녀가 있었다. 그녀의 아버지는 실직한 지 3개월쯤 되던 어느 날, 한 회사의 신입사원으로 입사하여 다른 사람들이 꺼리는 출장

근무를 지원했는데 그 출장 횟수가 처음에는 3, 4일이었던 것이 조금 지나 한 달에 한 번씩 겨우 집에 들어올 정도로 잦게 되었다.

출장을 다녀올 때마다 구두가 검정색인지 황토색인지 구별하기 어려울 정도였는데 그나마 그 구두도 그리 오래 가지는 못했다. 원래 낡았던 구두가 어느새 굽이 다 닳고 앞은 입을 벌리고 있었던 것이다. 몇 번 수선했지만 더 이상 수선마저 불가능하게 되었을 때 가장 값싼 운동화를 사서 신었는데 소녀는 아버지가 자신과 남동생을 키우느라 구두를 살 형편이 되지 못한 것에 항상 죄송한 마음이었다. 그 운동화 역시 출장을 다녀오면 금방 낡은 신발이 되고 말았다. 아버지의 신발을 볼 때마다 소녀는 가슴이 아파 견딜 수가 없어서 다가오는 아버지의 생신 때에 반드시 구두를 선물해 드리리라 다짐했다.

용돈을 따로 받아 모을 형편이 아니었기에 그녀는 학교 오갈 때 버스를 타는 대신 걸어 다니기 시작했다. 몇 주 지나지 않아 금세 2천 원이 모였다. 몸은 피곤했지만 마음은 한없이 기뻤다. 그리고 몇 달이 지난 어느 날 오후 집으로 향해 가던 중, 앞에 웬 키 작은 남학생 한 명이 낙엽을 터벅터벅 밟으며 힘없이 걸어가는 모습이 보게 되었다. 다름 아닌 소녀의 중학교 1학년인 동생이었다. 그녀는 동생에게 다가가 말했다.

"너 왜 자꾸 누나 말 안 듣니? 넌 아직 어려서 걸어 다니면 피곤해져서 성적 떨어지니까 꼭 버스 타고 다니라고 했잖아?"

"그럼 난 아빠 구두 값을 어떻게 모으란 말이야?"

소녀는 동생에게 다시 말했다.

"누나가 다 모을 테니까 넌 걱정하지 말랬잖아."

"누나, 누나는 얼마나 모았어?"

7,500원이란 그녀의 답을 들은 동생이 흥분한 목소리로 말했다.

"그럼 내가 모은 것과 합하면 웬만한 구두는 살 수 있겠다! 누나, 나 그동안 2천원 모았어! 나 잘했지?"

소녀는 동생이 너무나 대견해서 하마터면 대로변에서 울음을 터뜨릴 뻔했다. 일주일이 지난 그다음 토요일, 소녀는 동생과 함께 남대문 시장에서 만 원짜리 구두를 사서 예쁘게 포장한 다음 아빠가 생신 때 꼭 집에 오시기를 간절히 바라며 아빠의 생신을 기다렸다. 며칠 뒤 집에 돌아오니 먼저 온 동생이 풀이 죽어 있었다.

"너 왜 그래? 어디 아파?"

"아빠가 오늘 못 오신대. 구두를 드릴 수가 없잖아."

동생은 그렇게 말하며 눈물을 흘렸다. 그녀 또한 다 낡아 빠진 싸구려 운동화를 신고 지금도 어느 길 위를 걷고 계실 아버지를 생각하자 어느새 눈물이 흘렀다. 그러나 그것은 아쉬움의 눈물이었을 뿐 더 이상 슬픔의 눈물을 아니었다. 남매에게는 아버지에게 드릴 새 구두가 있었기 때문이다.

이 글을 읽으며 가슴 뭉클함과 함께 뜨거운 눈물이 눈앞을 가렸다. 이 아버지는 요즘 시대에 자식에게 흔히 말하는 '좋은 교육'을 시켜 주지 못했을 것이다. 그러나 결코 교육에 실패하지 않았다고 생각한다. 이 남매는 부모를 알고, 누나와 동생을 알고, 가정을 위해 헌신하는 법을 삶으로 익히고 있기 때문이다. 이미 자립인으로 굳건히 서 있는 이 아이들을 아버지는 자신의 삶으로 정말 훌륭하게 교육시킨 것이다.

학교교육보다
가정교육이
우선이다

    학교라는 곳은 아이들의 배움의 터전이 되는 곳이 맞다. 하지만 배움의 습관과 자세는 기본 인성에서 나오게 마련이다. 그 기본 인성은 아이들이 취학하는 나이 여덟 살 이전에 거의 다 형성된다. 보통 5~7살이면 개인의 성향이 어느 정도 완성되는 시기이다. 그리고 학교에 와서 규칙적이고 유치원보다는 절제되는 단체생활을 하게 되는 것이고, 소위 '눈칫밥'이라는 것으로 남들이 어떻게 행동하는지를 보면서 스스로 자기 행동도 컨트롤하게 된다. 그만큼 가정교육이 중요한 이유이다.

    도덕교육, 인성교육을 무시한 사회와 가정은 반드시 그 대가를 받게 되어 있다. 학교교육이 아닌 가정교육이 더욱 더 절실해지는 때이다. '백 명의 교사보다 한 명의 아버지가 낫다.'는 말이 있다. 가정이 인격 형성의 장으로서 본래의 기능을 회복하고, 학교가 교과서적 지식의 일방적 주입이 아닌 인간적 품성과 삶의 기본을 익히고 배우는 인성교육

인성이 함께 하는 참교육

의 도량으로 자리 잡는 날이 하루 빨리 오기를 소망해본다.

누구나 한번쯤은 교육과 관련하여 맹모삼천지교孟母三遷之敎에 대해 들었을 것이다. 내용은 익히 알려져 있지만 다시 한 번 간단하게 살펴보자.

맹자의 어머니가 맹자를 낳고 공동묘지 옆으로 이사를 했는데 맹자가 장의사를 흉내 내며 놀았다. 이래서는 안 되겠다 싶어 시장 옆으로 이사를 갔더니 이번에는 맹자가 장사하는 사람들 흉내를 내어 '아, 이것도 안 되겠구나.' 싶었다. 다시 서당 옆으로 이사를 했더니 아이가 열심히 공부를 하기 시작했다. 그렇게 맹자의 어머니가 자식교육을 제대로 시켜서 세계적으로 유명한 현모賢母가 되었다는 것이다.

맹모삼천지교에 대해 다른 해석을 하신 분의 이야기가 있다. 인간 삶의 본질에 대해 많은 생각과 고민을 한 사람으로서 그분의 또 다른 해석에 동의하는 바이다.

그 말인즉슨, 맹자 어머니가 일부러 자기 아이를 공동묘지 옆으로 데리고 가서 살았다는 것이다. 거기서 몇 년을 살면서 아이에게 죽음에 대해 가르쳐 주었다. 삶과 죽음을 모르고는 이 세상에서 뭘 배워도 아무런 의미가 없다. 그 다음에 맹모가 아이를 데리고 일부러 시장 옆으로 갔다. 인간 삶에서 반드시 필요로 하는 치열한 생존 현장을 모르고는 배우는 것이 다 추상적인 논리로 끝난다. 그래서 죽음을 알게 해 주고, 생존 현장을 알게 해 주고, 그 다음에 학교에 가서 자신이 무엇을 필요로 하며 왜 배워야 될 것인지를 알게 하여 스스로 공부하게 해 주었다는 것이다.

기존의 맹모삼천지교가 수단과 방법을 가리지 않는 일방적인 교육의 모습이라면 후자의 해석은 자기 주도형 학습이 되도록 교육시킨 것인데 맹자가 성공하게 된 것은 아마도 후자의 지혜로운 교육방식에서 나오지 않았나 생각하게 된다.

　이렇듯 가정교육은 학교교육보다 아이들의 삶과 미래에 미치는 영향이 절대적이라 할 수 있겠다. 가정교육을 통해 아버지는 아버지다운, 어머니는 어머니다운 모습을 보여줘야 한다. 아이들이 '나는 아버지처럼 될 거야', '나는 어머니처럼 될 거야' 하고 생각하도록 부모가 먼저 올바른 교사가 되면, 비록 아이가 학교교육에서 실패한다 해도 한 인간으로서는 바로 설 수 있다.

　올바른 인성을 가진 부모 밑에서 정상적인 사랑을 받고 자라는 아이들이 나중에 정상적인 정서와 인격과 인성을 가진 사람으로 자라나게 되는 것이다.

우리 사회는
살아 있는
교육장이다

인간은 소속된 지역사회에 많은 영향을 받는다. 인간의 인격형성에 지역사회의 문화양식, 즉 종교, 관습, 행사, 가치, 의식구조 등이 큰 영향을 미치기 때문이다. 그렇기에 올바른 인격 형성을 위한 최적의 교육장이자 스승은, 지역사회라는 일상 속의 교육장인 것이다.

오래되지도 않은 지금의 40대 이상 기성세대가 자라던 어린 시절에는 사회 자체가 하나의 살아있는 교육장으로 역할을 제대로 수행했다. 학교라는 곳은 아이들의 배움의 터전이 되는 곳이 맞다. 하지만 배움의 습관과 인성은 사회 속에서 성장하는 동안 다양한 환경적 요소를 통해 내면화되게 된다.

우리 사회가 하나의 공동체로서의 인식이 팽배했던 예전에는 누구든지 나의 부모이자 자식이고, 형제이자 자매였다. 모두가 한 가족 생활 공동체였던 것이다. 그래서 지나가다가도 올바르지 못한 행동은 꾸짖고 바로잡아주며 잘못에 대해서 너그럽게 용서해 주곤 했다. 하지만

PART III 교육(教育, Education)

현재처럼 극도로 개인주의화 되어버린 사회구조에서는 괜히 남의 일에 끼어들어 왈가왈부하는 것 같고 본의 아닌 낭패를 겪게 되는 경우가 비일비재하여 누구 하나 쉽사리 충고나 꾸짖음을 할 수 없는 안타까운 현실이다.

  우리 사회 구성원 모두가 한 형제, 자매, 부모, 자식이라 생각하고 사회가 곧 살아있는 교육장이 될 수 있도록 사회공동체를 복원하여 사회의 역할을 재정립해야 할 것이다.

한강의 기적을 이루다

초고속 성장의 어두운 단면

저출산, 고령화 사회와 우리의 경제

장기 경기침체의 늪, 보고만 있을 것인가

기업의 사회적 책임과 기업윤리, 이대로 좋은가?

중산층의 기준, 이제는 바뀌어야 한다

도덕적 철학이 숨 쉬는 경제를 만들다

통일을 통한 제2의 경제성장을 꿈꾸다

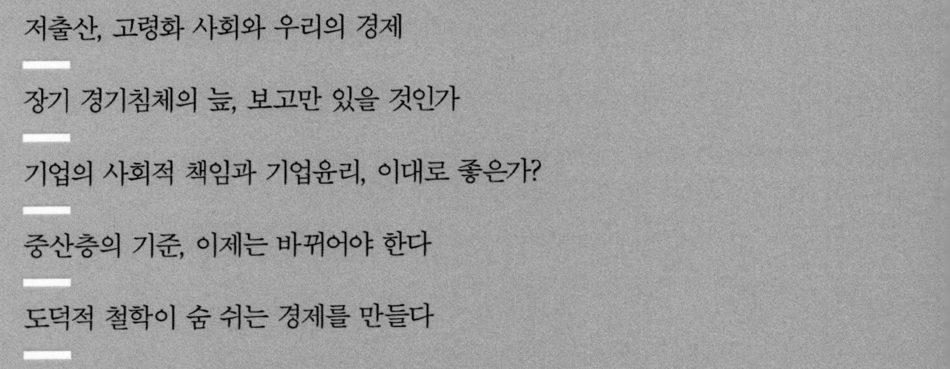

경제(經濟, Economy):
도덕이 살아 있는 경제

한강의
기적을
이루다

  우리나라의 경제는 본래 자연적 입지 조건의 협소함과 일본에 예속
된 전형적인 식민지경제에 의해 경제구조가 한층 취약한 상황에서 해
방기 사회불안 및 1950년의 6·25전쟁으로 인해 붕괴를 가져왔다. 붕괴
라는 말보다 폐허라는 표현이 적합하지 않을까 싶다. 자본, 자원, 기술
이 전무한 최악의 상태라고 할 수 있는 저개발국가의 기반에서 출발
하게 되었다. 1950년대의 우리나라 경제는 빈곤의 악순환과 전쟁의 폐
허 속에 있었기에 미국원조에 의존해 나갈 수밖에 없는 위기의 경제상
황이었다.

  우리는 2차 세계대전 이후 최악의 냉전상황에서 미국이 펼친 일본
을 중심으로 세력을 넓히고 지정학적으로 중요한 한국이 공산화되는
것을 방지하며 미래의 잠재시장 확보를 위한 적극적인 원조에, 나라와
가족을 위해 쉬지 않고 묵묵히 자신을 바쳐온 우리 부모세대들의 근
면한 국민성, 현실적인 조건에 주저앉지 않고 새로운 가치를 창출하는

기업가 정신을 가진 분들의 개척자 정신을 기반으로 무엇보다도 경제건설에 의한 국력배양 및 사회안정을 염원했다. 그리하여 1962년 이후 국가경제정책의 최우선순위를 공업화를 통한 경제성장을 목표로 경제개발 5개년 계획을 수립하고 적극적으로 실시하여 세계사에 유래 없는 초고속 고도경제성장을 이루었다.

한국전쟁을 총지휘했던 맥아더 장군은 당시 우리나라를 보며 100년은 지나야 이 나라는 제 모습으로 돌아갈 수 있을 것이라고 말했다고 한다. 하지만 우리는 반세기 만에 세계 10위권의 경제대국으로 성장했다. 이 얼마나 아름답고 감동적인가!

초고속
성장의
어두운 단면

　성장지향적 국민의식을 배경으로 하여 우리 정부는 성장제일주의적 경제개발을 추진하고 대기업 중심의 외연적 성장이 추구했으며 소득 재분배와 노동임금은 억압되었다. 이로 인해 계층 간, 지역 간 경제적 양극화, 사회 양극화라는 국가발전을 저해하는 문제점이 나타나게 되었다.

　양극화란 서로 다른 계층이나 집단이 점점 더 달라지고 멀어지게 되는 것을 말한다. 양극화는 보통 경제적 양극화와 사회적 양극화를 말하는데, 이 둘은 서로 밀접한 관계가 있다. 즉 경제적 양극화에 따라 빈곤과 불평등, 차별이 점차 심해지면서 사회적 양극화가 나타나게 된다.

　우리 속담에 '개천에서 용 난다.'는 속담이 있다. 가난한 환경일수록 열심히 노력해서 훌륭한 사람이 될 수 있다는 뜻이다. 하지만 요즘 들어 우리 사회에서 이 속담이 더 이상 통하지 않는 세상이라고들 한결같이 이야기한다. 그렇게 말할 수밖에 없는 것이 우리나라 제일의 대학이라는 서울대생들 중 갈수록 상위계층의 자녀들의 비중이 커지고 있다. 가정형편이 좋지 않은 집의 아이는 경제적으로 여유가 없기 때문에 교육의 기회가 상대적으로 줄어들고 좋은 직업을 갖게 될 가능성도 줄어들게 되며 결국 가난을 대물림하게 되는 것이다. 이로 인해 빈익빈부익부 현상이 점차 심화되고 이로 인한 사회갈등이 나타나면서 사회가 통합되지 못하고 갈등의 원인이 되는 것이다.

요즘 경제가 어렵고 서민들은 갈수록 먹고 살기 힘든 사회라고들 이야기한다. 우리나라는 1992년 이후 지난 20여 년 동안 어느 정권 할 것 없이 인건비 비중이 계속 낮아져 왔고 앞으로도 계속 그럴 가능성이 매우 크다. 이는 경제가 성장한다고 해결될 문제도 아니고 이미 정부 차원의 문제를 넘어서게 되어 버렸다. 지난 20여 년 국가가 채택한 '개방을 통한 성장전략'의 결과이다. 이대로 방치한다면 몇몇 기업과 소수 집단이 경제와 소득의 절대부분을 차지하는 경제구조 고착화가 우려된다. 그렇게 된다면 우리 대다수 국민들의 평균적인 삶의 질은 떨어지고 이로 인해 사회 불만과 불안이 팽배한 사회가 되고 말 것이다.

지금까지는 초고속 경제성장으로 개인이나 국가적으로 눈부신 경제성장을 이뤄왔기에 그 누구도 정부가 투자 증대를 통해 대기업과 부유층의 부富를 먼저 늘리면 궁극적으로 그 혜택이 중소기업과 소비자에게 돌아간다는 낙수효과(Trickle-down)를 의심하지 않았으나, 하지만 분배보다는 성장에, 형평성보다는 효율성에 우선을 둔 현실에서 더 이상 낙수효과를 기대하거나 믿는 국민은 없을 것이다.

도덕이 살아 있는 경제

우리 사회를 더욱 어둡게 하는 사실은 '일해서 돈을 버는 것보다 돈이 돈을 버는 것이 훨씬 크기 때문'이다. 그렇게 축적한 부는 세습되고, 소득 불평등은 갈수록 단단해질 수밖에 없다. 이는 우리 사회의 건강한 민주주의까지도 해치고 말게 될 것이다.

그 무엇보다도 가족 간 유대를 중시해오고 도덕과 철학이 숨 쉬던 함께 더불어 살아가는 사회 가치관이 고도의 경제성장을 달성하는 과정에서 소멸되어 가는 것은 가슴 아픈 일이다.

저출산,
고령화 사회와
우리의 경제

우리나라 출산율은 대체출산율인 2.1명에 크게 못 미치고 있는데 이는 경제협력개발기구(OECD) 국가 중 최하위 수준이다. 또한 초고령 사회 진입에 걸리는 시간이 다른 어느 나라에 비해 급속도로 진행되고 있다.

한편 국민소득수준이 선진국에 비해 낮아 초고령 사회에 대비한 여력 또한 미흡한 실정이다. 저출산, 고령화의 심화는 생산보다 소비가 많은 노인 인구의 증가로 저축과 투자가 줄어들고, 생산가능 인구의 감소로 성장 잠재력을 약화시키며, 고령층의 사회보장비용의 증가로 젊은 세대들의 부담은 늘어간다. 저출산 고령화가 심화될수록 우리 젊은 세대들이 더 많은 노인들을 부양해야만 한다. 현재의 추세로 간다면, 지금은 6명 이상이 노인 1명을 부양하고 있지만, 30년 뒤에는 1.7명이 1명을 부양해야 한다는 연구결과가 있다.

저출산 문제는 양육비 부담 증가, 사교육비 상승, 가족에 대한 가치관의 변화 등 여러 가지 복합적 요소로 나타나게 되고, 이로 인해 발생되는 문제 또한 다양하게 나타난다.

그렇다고 우리 사회가 그냥 보고 있을 수만은 없다. 무엇보다 고령화의 충격파가 서서히 나타나고 있고, 갈수록 심화될 것이 분명한 상황에서 저출산, 고령화의 문제점들을 해결하기 위한 구체적인 방안과 대책이 마련되어야 할 것이다. 사회는 지속 가능할 때 더욱 건강해지고 활력을 갖게 된다. 대체출산율까지 끌어올려야 하지만 그리 간단하지가 않다. 왜냐하면 인구정책은 즉각적인 정책효과보다는 장기적·사회적 변화에 영향을 받기 때문이다.

또한 결혼과 출산에 영향을 미치는 요인들이 너무 다양하고 복합적이다. 극심한 취업난과 불안정한 일자리, 높은 사교육비 등 젊은 세대들의 앞에 놓인 스스로 감당하기 어려운 삶의 무게로 인해 스스로 가족 구성을 포기하거나 미루게 된 것이다. 여성의 사회 진출이 늘어나고 자아실현 욕구가 다른 가치보다 중요시되면서 결혼을 하거나 아이 낳는 일이 우선순위에서 점점 밀려나고 있다.

정부와 기업, 개인들이 힘을 합쳐 저출산, 고령화가 우리 사회에 미칠 충격과 위협을 최소화할 수 있는 지혜를 모아야 할 때이다. 저출산, 고령화 문제는 미래의 과제가 아니라 그 무엇보다 당장 해결해야 할 시급한 현안 과제이다.

장기 경기침체의 늪,
보고만 있을 것인가?

우리나라 경제가 장기 저성장 늪에 빠져 들고 있다. 그 중심에는 경제성장률 하락이 자리 잡고 있다. 밖으로는 금융위기 여파, 안으로는 저출산, 고령화, 양극화가 겹친 탓이다. 무엇보다도 심각한 문제는 단순한 불경기가 아니라 1990년대 일본의 부동산 버블(거품) 붕괴 이후 잃어버린 경제 20년 이상의 장기 불황의 전조라는 것이다. 더욱이 우리나라의 경제는 일본보다 더 급속하게 진행되는 고령화 사회 진입으로 부동산 구매력 상실과 더불어 경제성장의 동력이 상실되면서 장기 경기침체의 늪에 빠져 들고 있다.

여러 가지 악재들이 계속되면서 우리나라를 저성장으로 내몰고 있다. 잠재성장률이 하락하고 있고, 새로운 성장동력을 찾지 못하고 있으며, 앞으로 특별한 가시적 대책이 없다면 우리 경제는 'L'형 장기 경기침체의 늪에서 벗어나기 힘들 것이라는 전망들이 우세하다. 단기적인 경기활성화 대책과 더불어 중장기적인 성장잠재력 제고 방안이 시급히 마련되어야 할 것이다.

그러기 위해서는 우리는 일본의 잃어버린 20년에서 그 문제점과 해결방안을 찾아보아야 한다. 일본 경제가 버블 붕괴 이후 침체의 늪을 벗어나지 못한 것은 정책 실패의 책임이 무엇보다 크다. 일본 정부는 버블 형성을 막지 못했을 뿐 아니라 이후 대응에도 미흡했다.

정책이 실패한 원인으로는 크게 세 가지를 꼽을 수 있는데 첫째는 경기 오판誤判과 이로 인한 실기失機였다. 1980년대 후반 자산 가격이 크게 올랐음에도 일본 정부는 상당기간 이를 버블로 인식하지 않은 채 저금리 정책을 유지하다가 1989년 5월부터 금리를 급격하게 인상했다. 1996년 일본 경제가 반짝 회복세를 보이자 다음 해에 소비세 인상, 의료비 부담 인상 등을 담은 재정 건전화 계획을 발표했다. 일본의 성급한 출구전략은 내수 시장을 위축시키고 다시 장기 침체를 초래했다.

둘째, 1990년 4월부터 실시된 부동산 대출 총량 규제는 부동산과 건설업에 대한 대출을 사실상 금지하여 부동산 버블 붕괴의 결정적 계기가 되었다. 버블 형성을 인지한 시점부터 점진적으로 대출을 규제했더라면 시장 충격은 물론 부동산 버블도 연착륙적으로 줄일 수 있었을 것이다.

셋째, 부실기업을 신속하게 정리하지 못한 결과 부실채권은 버블 붕괴 이후 10년 동안 3.3배나 증가했다. 은행과 기업이 공동 운명체적 성격을 갖는 일본 특유의 '호송선단護送船團식' 경영 방식이 기업 구조조정을 지연시키고 이로 인해 경기 회복에 걸림돌이 되었던 것이다.

우리는 일본의 사례를 타산지석으로 삼아 우리 사회의 버블경제구조를 사실적으로 받아들이고 점진적인 해결방안 마련 및 실행을 통해 시장 충격을 완화하여 경기 회복을 도모해야 할 것이다.

기업의 사회적 책임과
기업윤리,
이대로 좋은가?

지금까지도 우리나라는 신자유주의 경제 논리로서 경제개발을 추진하고 대기업 중심의 외연적 성장이 추구하며 여전히 소득재분배와 노동의 질적 성장은 뒷전으로 밀려나 있는 상황이다.

자본주의와 자유경쟁시대에 기업의 최대목표인 이윤추구 극대화에 대해 그 누구든지 무조건적인 비난은 하지 않을 것이다. 하지만 지금껏 분배보다는 성장에, 형평성보다는 효율성에 따라 대기업 위주로 성장했지만 기업의 사회적 책임과 기업윤리는 국민의 기대에 턱없이 미치지 못하고 있다.

그동안 우리나라 대기업들은 정경유착이라는 한국의 특수한 풍토 속에서 비자금을 조성한다거나 재산과 경영권을 편법으로 증여하고 승계하는 일들이 많았다. 또 대기업 독식으로 인한 중소기업과 자영업자의 몰락, 빈익빈부익부의 양극화 심화 등 재벌로 인한 폐해도 매우 크다. 그것은 분명히 비판받아 마땅하고, 우리 대기업들이 세계적인 기업이 된 만큼 이제는 세계적인 기업답게 더 투명하게 기업 윤리를 확립하고 사회적 책임을 다해야 할 것이다. 성장해야 한다면 분배를 위한 성장이어야 하고, 성장의 결과는 분배로 나타나야 한다.

그동안 국민들의 피와 땀으로 키워 놓은 대기업들의 도소매, 빵, 순대, 떡볶이, 비빔밥에서부터 덮밥, 라면, 카레 등 분식 분야, 기내면세품 판매, 광고, 소모성 자재 구매대행(MRO), 광고회사에서부터 자동차 선팅 필름, 고철 재활용사업, 물류, 부동산 임대, 대기업 계열사 간 상품 용역거래, 노골적인 일감 몰아주기, 패션·잡화의 해외 명품 브랜드 수입 독점 등 사회적 책임도, 기업 윤리도 져버린 부도덕한 문어발식 사업 확장은 수많은 서민 자영업자들을 사지로 몰고 장기적인 국가경쟁력을 약화시키고 있다.

대기업은 경쟁력 강화를 위한 것이라고 하지만 기술력이 뛰어난 중소기업이 막강한 시장 지배력을 보유한 대기업의 손쉬운 먹잇감이 되는 것도 장기적으로 국가 경쟁력을 저하시키고 부의 재분배를 막는 것이다.

주요 대기업의 계열사 확대 면면을 살펴보면, M&A를 통한 막가파식 '기업사냥'도 갈수록 심해지고 있다. 물론 M&A가 활발하게 이뤄져야 하고 대기업의 M&A도 무조건 부정적으로만 볼 수는 없지만 손쉬운 돈벌이로 인식하거나 중소기업과 서민경제를 지탱해주고 있는 사업영역을 심각하게 침해하는 경우는 국가가 적극적으로 개입하여 금지시켜야 할 것이다. 모든 것이 돈과 힘의 논리로만 돌아가도록 내버려둘 거라면 국가의 존재 가치가 없다.

1970~1980년대 경제성장을 위해 대기업이 국가산업경쟁력을 끌어올린 설비사업과 미래사업에 투자해 국민경제에 이바지했을 때는 대기업들의 순기능에 대한 국민적 합의가 있었지만 최근 재벌 2, 3세가 보여주는 저급한 행태는 도를 넘어 서고 있다. 작은 시장의 푼돈을 빨아들이는 방식으로 중소기업과 자영업자의 이익을 침해하면 자영업자의 몰락과 가계수입 감소, 내수 위축, 기업 불황으로 이어져 결국 대기업에도 불이익이 돌아가게 되는 만큼 세계화에 걸맞게 세계의 기업들과 당당하게 경쟁하여 이겨서 세계적인 기업으로 나아가야 함이 마땅하다.

우리는 앞으로도 대기업이 견인하는 경제성장을 유지하겠지만, 약자를 배려하는 시책을 어디까지 충실할 수 있는지가 현재 우리 사회에 주어진 당면 과제이다.

중산층의 기준,
이제는
바뀌어야 한다

한 국가의 현재와 미래를 알기 위해서는 그 나라의 중산층의 삶의 행태와 의식을 살펴보면 된다. 중산층의 기준을 정하는 데 우리나라가 물질과 재산을 기준으로 삼는 데 반해 구미는 정신, 문화와 삶의 질을 기준으로 삼는다. 선진국으로 갈수록 계층구분 기준이 물질보다 정신적, 문화적 가치를 먼저 보고, 후진국으로 갈수록 물질을 중시한다.

자본주의화, 산업화와 더불어 생성, 발전해온 중산층은 경제적 수준과 사회문화적 수준이 중간 정도가 되면서 스스로 중산층이라고 의식하는 사회계층을 말한다. 여기에는 교육수준, 직업상의 지위 등 비경제적 요소까지 포함된다.

그렇다면 중산층이 먼저 형성된 유럽과 미국의 기준은 어떨까?

영국의 명문 옥스퍼드대학에서 제시한 영국의 중산층 기준은 페어플레이를 할 것, 자신의 주장과 신념을 가질 것, 독선적으로 행동하지 말 것, 약자를 보호하고 강자에 대응할 것, 그리고 불의, 불평, 불법에

PART IV 경제(經濟, Economy)

의연히 대처할 것 등이 있다.

풍피두(G. J. R. Pompidou) 대통령이 『삶의 질(Qualite de vie)』에서 설정한 프랑스 중산층의 기준은 외국어를 하나 정도는 할 수 있어야 하고, 직접 즐기는 스포츠가 있어야 하며, 악기 하나 정도는 다룰 줄 알아야 한다. 또 남들과 다른 맛을 낼 수 있는 요리를 만들 수 있어야 하고, '공분'에 의연히 참여하며, 약자를 도우며 봉사활동을 꾸준히 해야 한다.

미국의 중산층 기준도 맥락을 같이 하고 있다. 미국 공립학교에서는 중산층의 기준을 자신의 주장에 떳떳하고, 사회적인 약자를 도와야 하며, 부정과 불법에 저항하고, 자기 책상 위에 정기적으로 받아보는 비평지가 놓여 있어야 한다고 가르친다.

이처럼 영국, 프랑스, 미국 세 나라가 중산층을 구분하는 기준의 공통점은 물질이 아니라 정신, 문화, 삶의 태도 혹은 방식이다. 자신만의 신념을 가지면서도 독선에 빠지지 않고 남들과 공생, 공존하면서 정의를 실현하려는 의지 그리고 사회적 약자를 돕는 것이 공통적으로 중시된다.

프랑스는 문화, 예술의 대국답게 문화·예술적인 요소도 중산층의 기준에 가미되어 있다. 정의를 실천하고 사회적 약자를 돕는 것은 동전의 앞뒤처럼 상호 관련을 맺고 있으며, 서양의 전통적인 기사도 정신과도 통한다. 이는 프랑스 혁명 정신이 말해주듯이 근대성(Modernity)의 영향을 받은 결과다. 이러한 정신과 문화가 바로 오래된 대륙이지만 유럽이 여전히 세계를 이끌어 갈 수 있도록 해주는 저력이다.

이에 반해 한국인을 대상으로 설문조사를 실시한 결과 한국의 중산층 기준은 부채 없는 30평 이상의 아파트와 2,000cc급 중형차를 소유하고, 월 급여는 500만 원 이상이며, 예금액 잔고를 1억 원 이상 보유하고, 1년에 한 차례 해외로 여행을 다니는 것 등이라고 한다.

다른 선진국 어디에서도 우리처럼 물질적이고 눈에 보이는 것으로 중산층의 조건을 정한 나라는 없다. 이것을 보고 우리 사회에 팽배해 있는 물질만능주의에 대해 생각해보게 된다. 물질적 성취를 과시하고 겉치레하기 좋아하는 속물의 전형이다.

하지만 우리의 삶에 이런 물질적인 것만 있는 것은 아니다. 사람과 사람 사이의 믿음과 신뢰, 늘 깨어있는 존재로서 추구해야 할 학문과 철학, 여유롭고 조화로운 삶을 위한 문화와 예술, 더불어 공동체를 살아가는 존재로서의 도덕과 사회윤리규범 등 이런 질적인 가치기준 또한 양적인 조건과 더불어 이 시대를 살아가는 우리가 겸비해야 할 중산층의 조건들이다.

우리의 중산층 기준에는 구미의 정신과 문화적 개념이 빠져 있다. 물론 수천 년 동안 지속된 가난한 곤궁에서 벗어난 것이 엊그제였으니 이렇게 된 것도 이해하지 못할 바는 아니다. 이전에는 서민들이 제대로 배부르게 먹어본 적이 없었기 때문에 물질적 성취의 갈구가 상대적 빈곤감을 부추기면서 경쟁적이 된 것은 자연스러운 일이다.

유럽에서도 19세기까지는 실리주의實利主義가 중산층 사회의 지배적인 가치이자 추세였고, 돈이 성공의 유일한 잣대였으며, 재력을 사람의 가치로 봤으니, 이러한 상황은 사회발전과정에서 꼭 겪게 되는 것이라 여겨진다. 하지만 삶의 의미를 물질적 소유에서 점차 정신, 문화, 삶의 태도 등 무형의 가치를 추구하는 쪽으로 전환시킨 점은 반드시 배워야 할 것이다. 유럽의 발전은 중산층 가운데서 지식인이 늘어나고 정신적인 면을 추구한 이들의 역할에 힘입은 바 컸다.

중산층의 정신이 높이 평가됨에 따라 프랑스어로 '졸부'라는 의미의 '누보리시(Nouveau riche)'가 천박한 부자라는 뜻으로 쓰이면서 이들을 사회적으로 경시하는 사회적 기풍이 생겨나기 시작했다.

우리도 자본주의 발달과정에서 그들과 비슷한 전철을 밟고 있지만 과연 지식인과 지식사회가 그들처럼 역사적 역할과 소임을 다하고 있는지에 대해서는 회의적이다. 우리나라는 오히려 학계, 언론계, 법조계, 교육계 등의 지식사회가 본연의 기능과 역할을 다하기보다는 각각의 전문성을 부와 명예를 얻는 데 쏟아 붓느라 배금주의화, 물질화되어 있는 것이 현실이다. 여기에는 일제 강점기 이후 권력에 빌붙은 기회주의자들을 청산하지 못해서 인권, 도덕, 사회의식, 인류애 등 보편타당한 가치들을 오직 돈 앞에 죄다 밟아 뭉그러뜨려 버린 것이 가장 큰 몫을 했다.

우리 사회의 탐욕스런 성장제일주의, 비정한 경쟁 및 물질만능주의가 하루 빨리 정신과 문화, 삶의 방식 혹은 태도를 겸비할 수 있도록 전환되어야 한다. 그러기 위해서는 먼저 중산층의 기준이 구미 선진국처럼 바뀌어야 할 것이다. 개개인이 이런 방향으로 사회를 발전시킬 필요성을 체감하고 절실하게 느낄 때 비로소 우리 경제는 선진국으로 진입할 수 있을 것이다.

한 사회의 근간을 이루어가는 대다수 국민이 속한 범주인 이 중산층의 조건에 물질적이고 경제적인 조건과 더불어 정신적이고 문화적인 소양과 자부심이 곁들여질 때 우리 사회는 더욱 건강해지고 가정에서든 직장에서든 창의적이고 다양한 양질良質의 삶을 누릴 수 있는 것이다.

도덕적 철학이
숨 쉬는
경제를 만들다

세상은 항상 바뀌고 변화하지만 좀처럼 바뀌지 않는 것이 있는데 우리는 그것을 '법칙'이라고 부른다. 시간이 지나면서 '양量→질質→상像→격格'으로 발전하는 현상이 그런 경우다. 어떤 것이든 처음에는 개수로 대변되는 양이 중요하다가 어느 정도 지나면 내구력 같은 품질이 중요하고, 그 다음에는 한눈에 쏙 들어오는 외관 디자인이 중요하며, 마지막으로 사용하는 사람의 이미지를 올려주는 품격이 중요해진다는 것이다. 이러한 법칙은 눈에 보이고 만질 수 있는 제품에만 해당되는 것이 아니라 눈에 잘 보이지 않고 만지기가 힘든 서비스에도 해당된다. 개인과 국가의 경제도 예외가 아니다.

우리의 국가경제는 그동안 양적으로 크게 팽창했다. 경제의 폭증과 함께 여러 문제점이 노출되었다.

우리나라는 압축성장을 해 오면서 돈으로 즉각 환산되지 않는 가치들은 무시하거나 외면하는 문화도 함께 키워왔다. 수출과 성장, 개발이라는 미명하에 정작 중요한 가치들은 거들떠보지도 않았다. 모든 대상과 관계를 철저히 이익이라는 프레임으로만 해석하고 재단했다.

그 결과 경제는 성장하고 어느 정도 잘사는 나라도 되었지만 상상하기 어려운 희생과 비용을 수반하는 환경 문제를 비롯한 각종 문제들이 터져 나왔다.

100년 된 나무를 자르는 데는 채 5분도 걸리지 않지만 다시 키우려면 100년의 시간이 필요하다, 환경은 한 번 무너지면 거의 소생이 불가능해진다. 설사 소생하더라도 아주 많은 시간과 노력을 요구한다. 우리의 문화와 역사적 가치를 무시한, 서울 장충동시장 DDP건설, 서울시청 건설, 청계천 사업, 광화문 사업(100년 된 나무), 4대강 사업 등은 그 대표적인 것들이라 하겠다.

질적 경제발전은 한 방에 이루어지지 않는다. 차근차근 건전하고 지속가능한 사회경제구조를 만들고 그렇게 조성된 양질의 경제환경 속에서 인적 자원과 자본, 기술, 문화환경 등이 올바르고 건전하게 결합할 때 생겨난다. 그 속에서 자연스럽게 모든 국민들이 잘 먹고 잘 살아갈 수 있는 경제가 만들어지는 것이다.

지금 우리나라 경제성장률은 저성장 구조로 가까운 미래에 제로 성장시대를 맞이할 수도 있다. 하지만 성장이 멈춘다고 우리의 삶이 후퇴하거나 멈추어지지 않는다. 앞으로 경제는 '지금과 다른 무엇'이 될 것이다. 제로 성장 경제 또는 성장을 근본적으로 달리 정의하고 해석하는 경제로 전환하는 것이 불가피할 것이다.

경제는 국민의 행복한 삶을 위한 사회 시스템이다. 탄탄한 국가경제는 경제와 사회, 인간, 환경 등이 유기적으로 결합되어 있는 건전한 경제이다. 행복을 부르는 경제, 철학이 숨 쉬는 경제, 문화를 품은 경제, 그러한 새로운 성장패러다임 시대에 맞는 새로운 경제의 토대를 닦고 사회적 통합을 유지하고 구축해야 하는 것이 우리 앞에 놓인 시급한 과제이다.

도덕이 살아 있는 경제

통일을 통한
제2의 경제성장을
꿈꾸다

1945년 광복 이후 러시아와 미국의 한반도 분할 점령으로 인해 남과 북이 서로 다른 이념에 갈라지고, 1950년 6·25전쟁으로 남북 간 소통이 단절되고 서로 적대심만 쌓였다. 이로 인해 우리나라는 세계에서 하나뿐인 분단국가임에도 시간이 흐르면서 남북통일의 염원은 흐려지고 통일을 바라보는 국민의 시선도 변하고 있는 현실이다. 특히 전쟁을 겪지 않은 젊은 세대들은 많은 비용과 노력이 드는 통일을 왜 해야 하는지 그 당위성에 의문을 던지기까지 한다. 물론 독일의 통일에서 보았듯이 통일 비용 규모가 큰 건 사실이지만 통일이 가져올 이익은 통일 비용보다 엄청나다는 것을 인식해야만 한다.

국내 한 연구기관의 연구 내용만 살펴보아도 통일한국이 가져오는 효과는 엄청나다는 것을 알 수 있다.

첫째, 지금 남북이 경제 통합을 이룬다면 2050년에는 통일한국의 GDP(국민총생산)는 세계 8위 규모, 1인당 GDP도 8만 6천 달러로 영국이나, 프랑스, 일본 등을 앞지를 것으로 내다봤다.

둘째, 생산인구의 증가, 고령화 속도의 지연으로 내수시장이 확대되고 경제성장률을 높일 수가 있다.

셋째, 북한의 지하광물 자원도 통일한국 경제에 빼놓을 수 없는 경쟁력이다. 마그네사이트, 금 등 북한 주요 광물 자원의 잠재가치는 4조 억 달러 규모나 된다. 내수 시장에 필요한 지하광물의 50%만 북한에서 조달한다고 해도 연간 수입 대체효과가 엄청나다.

넷째, 남북 대치로 인해 소모되는 국방비도 줄어 엄청난 재정 절감효과를 볼 수 있다.

다섯째, 육지로 오가는 다양한 세계적 유통 경로 확보와 물류비용을 절감할 수 있다.

이렇듯 직접적인 경제 효과 이외에도 통일한국이 우리에게 주는 효과는 무궁무진하다 할 수 있다.

무엇보다도 첫째, 한민족의 정체성을 온전하게 이어가고 한반도의 평화를 가져오면서 이산가족의 아픔과 한민족의 고통을 해결할 수 있다.

둘째, 세계 10위의 국력을 갖게 될 것이다.

셋째, 남북의 풍부한 역사, 문화유산이 더해져 문화 강국으로 발돋움할 수 있으며 스포츠 강국으로서도 한층 발전할 수 있다.

이 외에도 많은 직간접적인 효과가 있겠지만, 무엇보다도 통일을 대한민국 재도약을 위한 신성장동력으로 인식하는 것이 최우선이라 할 것이다.

도덕이 살아 있는 경제

일제 강점기까지만 해도 우리는 부산을 출발해 평양, 모스크바, 베를린을 거쳐 파리까지 갈 수 있었다. 그 시절에도 갈 수 있었던 길을 해방 70년이 다 되도록 가지 못한다는 게 말이 되는가?

이제 우리는 퇴영적 냉전 이데올로기에 젖어 통일을 통한 엄청난 민족적 도약이 가능한 현실을 바로 보지 못하는 어리석음을 지속해서는 안 된다. 하루 빨리 민족의 지혜를 모아 남북을 하나로 통일하고 우리 사회의 갈등과 불안 요소의 청산과, 제2의 한강의 기적을 동시에 이룰 수 있는 신성장동력으로 삼아야 한다. 하지만 통일이라는 우리 민족의 지상과제를 현실로 만들어내기 위해서는 더 많은 고민과 더 큰 노력을 기울여야 한다는 사실은 수십 년 남북관계를 놓고 볼 때 너무나도 명약관화하다.

북한은 현재 경제발전을 위한 평화적 환경 조성이 그 어느 때보다도 절실하고, 외자유치 없이 민생고 해결이 불가능한 상황이다. 이 때문에 경제개발구를 설치하여 외자를 유치하고 대외 관광 문호도 확대하는 등 예전과는 다소 다른 모습을 보이고 있다.

통일을 통해 경제통합을 이루고 이를 바탕으로 제2의 한강의 기적을 실현하는 과정은 단순히 우리 기업들에게 이윤을 낼 수 있는 사업이나 시장 몇 개를 만들어주는 것이 아니다. 남북이 한 형제로서 존경과 신뢰를 바탕으로 서로에게 필요한 부분을 채워주면서 시너지 효과를 낼 수 있는 영역을 하나둘 넓혀가야 할 것이다. 또한 통일을 경제문제로만 국한하여 생각해서는 안 되며, 정치 군사적인 문제도 함께 풀어야만 경제적 효과도 극대화될 수 있다.

통일경제가 단순히 경제적 이익만 창출하는 것이 아니라 과도한 대외 의존도 감소, 심각한 양극화 해소, 내수시장 확대, 국내정치 안정화, 냉전적 이데올로기적 사고의 편협함 극복 등 우리 경제가 지닌 구조적 문제에서 민족의 새로운 도약 기반을 확고히 할 수 있는 기회가 될 수 있도록 만들어야 할 것이다.

이것이야말로 우리가 진정으로 원하는 공생·공영·공의의 대한민국, 세계의 중심국가로 서는 통일 국가, 인도의 타고르가 이야기한 동방의 등불로서 힘차게 도약하는 길이다.

PARTV

정치란
무엇일까?

사전적인 의미에서 정치란 나라를 다스리는 일이며, 국가의 권력을 획득해 유지하고 행사하며 국민들을 인간답게 살 수 있도록 하며 상호 이해관계와 사회질서를 바로잡는 역할과 같은 국가적인 것과 작게는 어떤 조직이나 구성원들이 권위를 획득하고 의사결정에 영향을 미치기 위해 하는 모든 행위라고 이야기하고 있다.

즉, 한마디로 국민들을 사람답게 살 수 있도록 하는 것이 정치인 것이다. 그럼 국민들을 사람답게 살 수 있도록 하는 정치란 과연 무엇일까 하고 질문을 해보게 되는데 사람에게 가장 기본적인 의식주, 그리고 인권을 보장해 주는 것이다. 여기서 가장 중요한 것은 기본적으로 국민들이 제대로 의식주를 확보하지 못하게 되면 우리가 흔히 말하는 인권도 사실상 보장될 수 없게 되는 것이다. 그렇게 때문에 정치에서 경제적인 부분을 가장 많이 신경 쓰는 이유이다.

우리나라의
현대
정치사史

우리나라의 현대 정치사는 매우 험난하고 아픈 여정의 연속이라고 표현할 수 있다.

여러 독립 운동 세력들의 치열한 독립 운동 전개와 더불어 연합국 세력의 승리로 가까스로 독립을 쟁취했지만 미국과 소련에 의해 한반도가 분단되어 한국에 정부가 세워지기 전까지 통치를 받았으며 이는 결국 남북에 두 개의 정부가 세워지게 되는 결과로 이어졌다.

이후 한국 전쟁이 일어나고 전후에 정치, 경제가 모두 혼란에 빠졌으며, 이후 군부 독재가 시작되며 경제는 비약적으로 발전하게 되었지만 정치적으로는 계속 억압된 상태였기 때문에 국민의 민주화 요구가 계속되었다.

결국 군부가 물러나고, 대통령 직선제와 더불어 민주화가 시작되었다. IMF 외환위기를 통해 대한민국 최초로 평화적 정권교체를 통한 국민의 정부의 출범으로 진정한 민주화가 전개되었으며, 이후 참여정

철학이 숨 쉬는 정치

부에 이르기까지 이 땅에 민주주의는 꽃을 피우는가 싶더니, MB정권 이후 하락하고 있는 각종 민주주의 지표들을 보자면 아직도 민주주의로 가는 길은 멀기만 한 듯하다.

우리가
정치에 관심을
가져야 하는 이유

먹고 살기 바쁘다는 이유 등으로 모든 국민에게 가장 기본적인 의식주 그리고 인권 보장에 직간접적으로 영향을 미치는 중요한 문제에 관심을 가지지 않는 국민들이 의외로 많다. 물론 관심만 가지고 정작 실천으로 옮기는 행동을 하지 않는 것일 수도 있겠지만 말이다. 하지만 말로만 하는 정치적 관심은 아무 쓸모가 없다.

현대 사회는 복잡한 이해관계로 얽혀있고, 특히 정치와 경제는 밀접하게 얽혀있을 수밖에 없기 때문에 항상 국민 스스로가 견제하고 감시해야 한다. 늘 감시하고 권력을 가진 사람이 그 힘을 남용하지 못하게 긴장을 불어넣지 않으면 그 힘은 국민을 위함이 아닌 국민을 억압하는 수단이 되기 쉽다. '정치란 게 솔직히 힘과 권력을 가진 자들이 자기들끼리 알아서 해먹는 그런 거고 투표해봤자 될 사람이 되는 건데 뭐하러 하나' 혹은 '뽑아 놓으면 다 그 놈이 그 놈이더라'와 같은 냉소적인 생각과 태도는 사실 권력을 휘두르고자 하는 사람들에게 아주 좋은 대상이다. 결국 어떤 짓을 해도 국민들은 외면할 것이라고 생각하기 때문에 권력을 쟁취한 사람들이 자기 멋대로 정치를 하게 되는 것이다. 오히려 관심을 가져주면 그것들 하나하나를 일일이 다 신경써야 하고 피곤해지는데. 국민들이 정치에 냉소를 보내면 보낼수록 부정한 사람들이 정치판을 휘두르는 것이다.

그런 악순환을 벗어나기 위해서는 '정치란 무엇인가'를 다시 한 번 냉정하게 잘 생각해보고 냉소적인 태도를 벗어나 정치에 적극적인 관심을 보내며 참여할 필요가 있다. 아울러 우리가 정치에 깊은 관심을 가지고 투표를 해야 하는 것은 최고의 인물을 뽑고, 최고의 정책을 펼치게 하기 위해서가 아니라 최악의 인물을 뽑지 않고, 최악의 정책들을 방지하기 위해서란 것을 명심해야 한다.

그 나라의
국민수준은
그 나라의 정치수준이다

대부분의 우리 국민들에게 정치는 부정적인 이미지를 야기한다. 많은 국민들이 정치인을 비판하고, 신뢰하지 않고 있다. 이는 물론 그동안 우리 정치가 국민들에게 보여준 불신의 행동들 때문이다. 더 나아가 국민의 선택권이자 의무의 하나인 투표조차 하지 않고 모든 정치적 책임을 정치인에게 묻는다.

하지만 안타깝게도 불편한 진실은 한 나라의 정치수준이 그 나라의 국민수준을 대표한다는 것이다. 국회의원은 날 때부터 국회의원으로 태어나는 것이 아니라 대한민국 국민으로서 나름의 정치적 커리어를 쌓아 다수의 국민적 지지를 통해 국민의 대표가 되는 것이다. 결국은 선진적인 국민의식을 가진 국가에서 선진 정치시스템이 형성되는 것이다. 올바른 준법정신과 국민의식을 가진 사람들이 올바른 의정활동을 수행할 수 있는 정치인을 양산시키는 것이다.

사람이 먹고 사는 문제부터 사회 문제까지 그 모든 것이 1차적으로 그 사회를 구성하는 개개인들에게 달려 있고 2차적으로 사회제도적 장치에 달려 있다. 문제의 근본은 국민 개개인의 역량에서 출발하는데 이것을 정치인들 탓만 하는 것은 매우 모순인 셈이다. 한 국가에서 발생하는 개인적인 문제나 사회, 국가적 문제점 모든 것을 정치인들 힘으로 해결할 수 있다는 믿음은 국민이나 정치인 스스로에게 순진한 장밋빛 미래다.

선진정치시스템은 선진적 국민으로부터 시작된다. 정치에 무관심하거나 각종 복지혜택은 요구하면서 기본적인 투표의 의무를 소홀히 하거나 애국심을 가지지 않는 사람들이 많은 국가에서는 그에 걸맞은 수준의 정치가 자리 잡을 수밖에 없다.

철학이 숨 쉬는
정치를
희망하며

지금 우리 사회에 그 무엇보다도 요구되는 것이 철학이 숨 쉬는 정치가 아닐까 싶다. '모두가 함께 행복하기' 위해서는 서로의 차이를 존중하고 다양성을 인정하는 공존共存의 국가를 만들어야 하는데 이는 철학을 가진 정치사회가 이루어져야만 가능한 것이다. 철학이 있는 정치가 얼마나 국가 발전에 절대적인지 살펴볼 수 있는 좋은 예를 들어보도록 하겠다.

아일랜드 대통령을 지냈던 메리 로빈슨은 정치를 하는 여성들에게 표상이 되는 인물이다. 그녀를 일컬어 '19세기적 아일랜드에서 21세기를 연 여성대통령'이라고 칭한다. 이러한 평가는 세상의 숱한 편견과 싸우며 그녀가 보여준 '정의와 평화'에 대한 열정과 '약자들'에 대한 사랑으로부터 비롯된 것이었다. 부정과 부패, 저성장과 실업, 이것이 로빈슨이 대통령이 되었을 때 아일랜드가 직면하고 있었던 현실이었다. 그녀는 대통령이 된 후 대통령궁 앞에 등불을 하나 내걸었다. 아일랜드에서 살기가 어려워 고국을 떠났던 국민들이 그 등불을 보고 다시 돌아오라는 메시지였다. 로빈슨 시대 이후 아일랜드는 국가발전의 롤모델로서 세계가 경이롭게 지켜보는 나라가 되었다. 기업하기 좋은 나라, 이것이 아일랜드가 갖게 된 국가 이미지다.

종전 직후 프랑스 총리가 된 드골은 자기 뜻을 이룰 수 없어 1946년 사임했다. 1953년에는 아예 정계를 은퇴했는데 그때 나이가 63세였다. 그는 5년 뒤 다시 프랑스 국민들의 부름을 받았고 68세 되던 해에 총리가 되어 헌법 개정을 통해 프랑스 제5공화국의 대통령에 취임했다. 그때 드골은 "나는 좌도 아니고 우도 아니다, 나는 그 위에 있다."고 했다. 이것은 그가 교만해서 한 말이 아니라 '나는 모든 프랑스 국민을 품는 프랑스 대통령이다.'라는 뜻이었다. 그래서 드골은 분열된 프랑스를 강력한 프랑스로 통합시키는 물꼬를 틀 수 있었던 것이다.

두 사례에서 보았듯이 지도자의 철학이 그 지도자가 속한 조직과 사회를 번영의 길로 안내할 수도, 나락으로 떨어뜨릴 수도 있음을 이미 역사는 증명하고 있다. 멀리 볼 것이 아니라 이 땅에서도 지도자가 무엇을 추구하는지, 어디에 가치를 두고 있는지, 얼마나 따뜻하고 넓은 가슴을 가지고 있는지에 따라 영욕의 세월을 거친 근현대사를 통해 보고 있다.

철학은 늘 가난과 짝을 지어 다녔다. 그래도 과거 철학이 존중되던 시절에는 가난했지만 기품이 있었고 알아주는 사람도 있었다. 그러나 오늘은 철학은 죽은 지 오래다. 사회가 필요로 하고 사회에서 살아남을 수 있는 기준은 내 편에 서야 한다는 것, 누가 내게 더 충성하느냐는 것이다. 그래서 줄서기 문화, 눈치문화, 경쟁자에 대한 비방과 음해가 만연하는 사회가 되었다. 더 무서운 것은 이러한 풍조를 다들 당연하게 받아들이고 있다는 것이다.

철학이 살아있지 않고서 더 이상의 발전은 없다. 어떤 분야에서건, 아주 하찮은 일인 것처럼 보이는 분야에서도 크게 성공한 사람은 반드시 나름대로의 철학을 가지고 있다. 우리는 주변에서 청소부든 배달원이든 우리 사회를 이루고 있는 보편적 삶에서도 철학을 가진 사람과 그렇지 않은 사람의 인생이 얼마나 차이가 나게 되는지 숱하게 보았다. 하물며 정치 지도자에게는 두말할 나위가 없다. 국가적 수준의 정치든, 지방차원의 정치든 간에 뚜렷한 철학을 가졌을 때만이 국가와 사회의 발전을 위해 기여할 수 있는 것이다.

철학은 아리스토텔레스나 칸트, 공자, 정약용 같은 사상가에게서만 나올 수 있는 것은 아니다 그것은 개개인이 지니는 사명과 비전이다.

우리가 가야 할 길은 참으로 멀고도 험하다. 지금부터 국민 개개인이 원칙과 근본을 지키자. 혹한을 겪은 이듬해 봄꽃이 더욱 아름다운 법이다. 철학이 숨 쉬는 새로운 정치가 꽃피기를 희망한다. 그래서 패권적 세계질서를 지향하는 21세기 세계 속의 대한민국으로 우뚝 도약할 수 있기를 희망해본다.

철학이 숨 쉬는 정치

누구나 말하지만 아무도 모르는 세계화와 세계관

세계화는 계속 변하고 진화한다

세계화를 둘러싼 불편한 진실

국민이 행복한 착한 세계화의 길

세계(世界, World):
주도적이고 자주적인 세계관

PART VI

누구나 말하지만
아무도 모르는
세계화와 세계관

세계 여러 지역은 다양한 인종과 민족 및 국가로 구성되어 있으며 지역에 딸 지형과 기후, 생산되는 자원 등도 매우 다양하다. 이러한 환경의 차이에 따라 사람들의 의식주 생활 등 인문환경도 다르게 발전했다. 하지만 우리가 살고 있는 21세기는 교통과 통신의 발달로 세계가 한 마을처럼 가까워지는 지구촌을 이루고 있고 상호 의존하는 정도도 커지고 있다. 전 세계가 같은 세계 안에서 서로 평등하게 교류할 수 있는 세계화 시대가 된 것이다. 즉 세계화란 지구촌이 국가 경계를 넘어 하나의 단일화된 공간으로 작동하고, 그 안에 모든 구성원의 상호 의존성이 증가하는 현상을 말한다. 전 세계 시공간적 규모와 인식의 근본적 변화를 의미함과 동시에 국내외 구분이 붕괴되는 권력 관계의 범위를 지역과 대륙 너머로 확대함으로서 영토와 국경의 상대적 중요성이 쇠퇴되는 것이다. 어렸을 적 우리 모두 한번쯤은 불렀었을 노래 중에 "지구는 둥그니까 자꾸 걸어나가면 온 세상 어린이를 다 만나고 오겠지."라는 노래가사처럼 되는 것이다.

하지만 이처럼 우리 삶에 많은 영향을 끼치는 세계화에 대한 영토와 국경을 초월한 전 세계적 확대라는 부분까지는 알지만, 정작 세계관에 대해서는 생각하지 않는다. 그럴 수밖에 없는 것이 세계관이라는 것은 민족과 문화에 따라 다른 것이기 때문이다.

미국 사람들은 'Physical'한 것, 'Meta physical'한 것을 통틀어 자기네들이 살고 있는 생활 영역을 여러 개로 쪼개서 각각 한 세계로 본다. 그래서 미국에서 야구나 미식축구를 할 때 동부와 서부 지역이 합쳐지는 것을 'World League'니 'World Series'라고 한다. 우리가 보면 지들끼리 하는 건데 무슨 세계냐고 하겠지만 자신들이 세계의 중심이라는 세계관이 은연중에 자리 잡고 있기 때문인 것이다.

미국의 세계는 미국을 중심으로, 중국의 세계는 중국을 중심으로, 일본의 세계는 일본을 중심으로 한다는 것이다.

중국이라는 나라 자체가 가운데 중(中) 자를 써서 자신들이 세계의 중심이라는 세계관을 드러내고 있다. 중국은 베이징올림픽의 표어로 "하나의 세계, 하나의 꿈"을 제시했다. 이는 세계 속의 중국, 중국 속의 세계를 만들겠다는 속내를 품고 있다. 중국은 2001년 WTO에 가입하면서 세계가 중국에서 사업하고, 중국이 세계에서 사업하는 토대를 만들었다. 한국, 일본은 물론 아프리카와의 외교력을 확대하고 국제기구로의 진출도 확대하고 있다.

우리 국민들의 마음속의 세계라는 것은 민족, 문화, 지역적으로 점점 커져 가고 있는데, 서울 G20 정상회의 주최국으로 도약한 지금이 우리에게는 세계가 가장 팽창한 때라고 할 수 있다. 옛날에는 우리에게 세계는 중국과 일본 정도였는데 우리의 세계의식이 굉장히 넓어진 것이다.

이제는 세계가 우리 속으로 들어온 것이다.

주도적이고 자주적인 세계관

세계화는
계속 변하고
진화한다

이제 그 누구라도 교통과 통신발달로 세계화가 가속화되고 있다는 것쯤은 알고 있다. 언제 어느 때고 이동이 가능한 교통수단, 언제 어디서나 더 많은 사람들이 더 많은 정보를 더 빨리 얻고 보낼 수 있는 통신의 비약적인 발전으로 인해 우리의 세계화는 더욱 진화하고 있다. 세계화라는 것은 지식인들이 주먹구구로 어떻게 하려 해도 뜻대로 안 되는 것이다. 세계가 어디로 가느냐 하는 것을 인간이 안다면 세계화로 인한 문제점들이 나타나겠는가? 세계는 있는 것이 아니라 그때그때 만들어지는 것이다. 세계는 끝없이 팽창하고 끝없이 줄어들고, 끝없이 가고 있는 것이다.

세계화는 지금도 계속 변하고 진화하고 있는 중이다. 우리가 살고 있는 지금은 세계화 3.0시대라 불린다. 세계화 1.0 시대 변화의 동력이 국가, 세계화 2.0시대에는 기업이었다면 세계화 3.0시대 변화의 주체이자 동력은 개인이다.

『세계는 평평하다』의 저자 토머스 프리드먼은 세계를 평평하게 만드는 동력을 '세계화'라고 불리는 변화의 흐름에서 찾았다. 그는 세계가 좁혀지고 평평해지게 되는 과정, 즉 세계화의 단계를 소프트웨어의 버전별 이름 붙이기 방식을 빌려 세계화 1.0시대, 세계화 2.0시대, 세계화 3.0시대로 구분한다.

세계화 1.0시대란 15세기 말에서 18세기 말까지의 기간이다. 국가중심시대, 무력중심시대였던 중상주의 시대가 이에 해당한다. 이후 19세기가 접어들면서 세계화 2.0버전의 시대가 전개된다. 세계화 3.0시대란 19세기부터 20세기 말까지에 이르는 기간이다. 한때 우리나라 존경받는 기업인이었으나, 한순간에 몰락한 대우그룹 김우중 회장이 세계는 넓고 할 일은 많다며 전 세계를 대상으로 비즈니스를 확대하던 시대가 바로 이때이다. 이 시기에는 운송수단의 획기적인 발달과 함께 정보통신기술이 가세하면서 세계가 더욱 좁혀지고 빨라지게 된 시대다. 또한 다국적 기업이 생겨나고 국가 간, 기업 간의 협업활동이 활발해지게 된 시기이기도 하다.

이러한 변화는 21세기 이후 세계화 3.0버전의 시대에 접어들면서 더욱 두드러지게 된다. 세계는 더욱 좁혀지고 평평해지면서 지구촌에 살고 있는 그 누구와도 디지털을 통해 교신하고 소통하면서 이웃사촌이 된다. 이 세계화 3.0버전은 오늘날 진행되고 있는 '트리플 컨버전스(Triple convergence)'에 의해 더욱 버전 업의 변화를 가속화하고 있다.

트리플 컨버전스란 세 가지의 획기적인 변화과정을 뜻한다. 세 가지의 변화란 웹을 통해 전 세계 수백만 개의 기업과 개인들이 상호 접속하면서 아이디어를 공유하고 발전시켜 나아감으로써 비즈니스 창업의 혁명이 일어나고 개인들이 조직의 대표로부터 지시를 받지 않고도 각자 평등한 위치에서 서로 협력하면서 새로운 가치를 창출하는가 하면, 베를린 장벽 붕괴 이후 중국과 인도, 러시아, 동유럽 등 30억 인구의 새로운 시장이 기존의 자유시장체제에 편입되어 사상 유래가 없는 거대 자유시장이 새롭게 열리는 일련의 변화과정이다.

세계화 3.0버전의 핵심은 점점 평평해지는 세계와 날로 자유롭고 평등해지는 세계, 세계 어느 곳에서 살고 있던 누구나 자기 자신이 원하는 정보를 자유롭게 취득할 수 있고 또 이 정보를 바탕으로 대등한 조건에서 경쟁할 수 있는 세계, 전 세계가 하나의 공급사슬로 엮어 제품을 생산하고 소비하는 세상이다. 평평한 세계에서 게임의 참여자가 가질 수 있는 가장 중요한 재능은 창조적인 상상력이다. 이 평평한 세계에서는 누구나 성공할 수 있다. 그러나 그러기 위해서는 적절한 상상력과 올바른 동기가 있어야 한다.

2.0시대 세계가 특권계층에 의해 경제적 불평등이 심화 될 수밖에 없는 공간이었다면 3.0시대는 말 그대로 모든 사람이 오로지 자신의 힘과 기량만으로 챔피언 벨트를 향해 싸우는 평평한 모래판이다.

세계화를
둘러싼
불편한 진실

무릇 세계화라는 말은 이제 더 이상 우리에게 낯설지 않게 들린다. 신문이나 방송 등 언론들은 저마다 세계 각지에서 활약하고 있는 한국의 기업들을 소개하고, 전 세계적으로 1등 제품이 몇 개가 있으며, 몇 년 후면 1등 제품이 몇 개가 더 추가될 거라는 등 우리의 눈과 귀를 뜨겁게 달구고 있다. 그리고 김연아 선수 등과 같은 세계적인 스포츠인에 이르기까지 우리나라는 세계를 무대로 나아가고 있다. 그러나 차분히 돌이켜보건대 우리가 '세계화'에 대해 얼마나 제대로 알고 있는지 궁금하지 않을 수 없다. 실제 생활에서 느끼는 감각으로는, 우리네 일상과 언론에서 말하는 세계적 한국 기업의 위상과는 괴리를 느끼는 사람이 한둘이 아닐 터, 과연 세계화는 우리의 생활에 어떤 면에서 긍정적인 역할을 하고 어떤 면에서 우리가 지니고 있는 것을 앗아가는지, 제대로 고민하거나 하지는 않는다.

세계화는 인간 욕심의 확장이라는 부정적인 면과 인간 삶의 영역,

정신과 물질의 나눔을 확장시켜주는 긍정적 측면, 두 가지를 함께 지니고 있다. 세계화는 우리가 아무렇지도 않게 생각하고 있는 혹은 우리와 무슨 관계냐고 생각할 수 있는 지구 반대편의 일들이 우리 생활에 직접적인 영향을 준다. 우리가 아무 생각 없이 매일 소비하는 상품이 그저 단순한 일용품이 아니고, 내 주변에서 벌어지는 행동이 세계화가 쳐놓은 거미줄에 촘촘히 얽혀 있다는 것을 인지하게 될 것이다. '국경 없는 세상'은 자본과 상품만이 자유로운 약육강식의 정글인 것이다.

콩고민주공화국의 내전이 격화되면 전 세계 휴대전화 값이 내려간다. 휴대전화의 필수 원료인 콜탄 매장량이 세계의 80%를 차지하는 콩고에서 반군과 용병 집단들은 콜탄을 팔아 번 돈으로 무기를 구입하기 때문이다. 주민들은 콜탄 채굴에 강제로 내몰리며, 다국적 기업들은 이 콜탄을 헐값에 사들여 막대한 이윤을 챙긴다. 세계인이 다 먹고 남을 만큼의 식량이 생산됨에도 정작 세계에서는 굶주리는 사람들이 더 많은 이유는 무엇일까. 우리가 맥스웰 커피 한 병을 사거나 스타벅스에서 한 잔을 사먹으면 아프리카와 아시아, 남미 등 전 세계 커피콩 생산농가에게 판매금액의 극히 일부가 돌아간다. 우리가 사먹는 생수 때문에 다른 사람들이 더 목마르고, 내가 먹는 스테이크가 원시림의 대규모 벌목을 일으킨다는 사실, 지금까지 자신이 오랫동안 살아온 지역에 자생하는 약초에서 추출한 치료제를 내다 팔았던 인도 농민들이 갑자기 신약 물질 특허권 수수료를 다국적 제약사에 내야 하는 처지가 되는 현실들은 세계화의 불편한 진실들이다.

국민이 행복한
착한
세계화의 길

우리는 세계화란 이름 아래 진행되어온 신자유주의로 비롯된 양극화의 문제점들을 안고 있다. 그렇다면 우리나라의 세계화는 언제부터일까?

우리나라는 1876년 일본과 강화도 조약을 체결하면서 근현대적 세계화를 강제로 하게 되었다. 그리고 일제 강점기를 거치면서 세계에서 가장 가난한 나라로 전락했다. 조선시대보다 더 가난한 나라가 된 것이다. 1960년대부터 시작한 공업화는 우리 스스로에 의한 세계화였다. 김영삼 정부 때에는 아예 세계화를 목표로 삼을 정도였다. 하지만 세계화는 위기를 불러왔고 1997년에는 IMF 외환위기를 맞으며 외환금융 위기를 겪었다. 미국, 유럽연합, 이웃나라와의 자유무역협정(FTA)은 자유무역을 통해 무역, 금융, 서비스 등의 장벽을 없애자는 협정이다. 이제 우리의 운명은 국가가 아닌 대기업의 이익, 금융시장의 이기심에 맡겨져 있다. 이들은 이기적인 이익을 취할 것이라는 예측은 불

주도적이고 자주적인 세계관

을 보듯 뻔하기에 우리국민의 권리, 행복, 재산과 건강을 지키고, 두 눈 똑바로 뜨고 지켜보아야 한다. 즉 세계화에 대해 냉철한 판단을 통한 올바른 세계관을 정립해야 할 것이다.

그러기 위해서 세계화의 특징을 정확하게 알아야 한다. 먼저 세계화는 철저한 분업을 바탕으로 한다. 노동력이 더 저렴한 지역에서 제품이 만들어지고 완제품은 잘 사는 나라로 팔려 나간다. 더 적은 임금, 더 열악한 근로조건으로 일해야 하는 가난한 나라들, 심지어는 아동의 노동력 착취까지 이어지기도 한다.

세계화는 속도전이다. 전 세계의 네트워크화된 인터넷은 이제 새로운 교통망으로 자리 잡았다. 직접 가지 않아도 만날 수 있고 의견을 나눌 수 있고 물건을 보낼 수 있다. 빨라진 만큼 생각할 틈이 없다는 것도 특징이다.

세계화는 기후와 환경, 성장의 한계에도 영향을 미친다. 지구온난화와 빙하의 녹음, 사막화와 홍수, 동식물의 멸종, 자원의 고갈 등은 지구의 한계를 보여준다.

세계화는 다국적 기업의 권력에 휘둘리기도 한다. 한 개 기업이 어느 국가의 총생산량보다 많은 경우도 있다.

가장 큰 문제는 금융 시장의 세계화가 아닐까 싶다. 미국이 재채기하면 세계가 감기 걸린다는 유행어가 빈말이 아님을 우리는 리먼 브러더스 사태로 실제 경험하기도 했다.

세계화가 콜럼버스나 바스코 다 가마(Vasco da Gama, 인도 고아 주의 도시)의 정복정책과 닮은 점은 매우 우려된다. 강자의 논리에 약자의 이권은 자꾸 손에 쥔 모래알처럼 술술 빠져 나가고 있기에 거대기업의 양계장은 아프리카 소규모 양계업자들에겐 재앙이 되었다. 저렴한 푼 돈만 받고 노동력을 제공하고 약자들은 그 돈으로 살기에 힘겨울 정도다. 세계화가 진행될수록 빈부 격차, 국가 간 불평등 심화는 더욱 커지고 있는 것이 현실이다.

국가는 이기적인 국제 투기자본의 악영향으로 인해 국민들에게 피해를 끼치지 못하도록 적극적으로 나서야 한다. 국민 복지와 인권 문제도 국가가 적극 보호하고, 빈부격차 줄이기에 나서야 할 것이다. 아울러 공정무역이 이루어질 수 있도록 노력함으로써 진정한 세계화인 나눔과 공존의 가치를 세계화에 투영시켜야 할 것이다.

주도적이고 자주적인 세계관

언론(言論, Press):
진실을 말하는 언론

PART VII

언론의
역사가 주는
소중한 교훈

우리는 역사적으로 정권을 감시하고 비판하면서 정권의 탄압에 맞서는 언론은 스스로의 힘으로 성장할 수 있고 따라서 정권에 얽매이지 않은 독립적인 언론이 되어 그 사회적 책임도 다 할 수 있는 반면, 정권의 탄압에 굴복하여 정권의 특혜로 성장하는 언론은 정권에 예속적인 제도언론이 되어 지배의 도구로 전락한다는 소중한 교훈을 얻었다. 대표적인 예로 한겨레신문 사태를 들 수 있다.

1989년 봄, 한겨레신문은 북한취재계획과 관련하여 공안당국에 의해 이영희 논설고문을 비롯하여 간부들이 구속되거나 연행되거나 입건되었다. 그러자 정권이 언론탄압이라는 비난이 고조되면서, 언론탄압에 맞서 한겨레신문의 사원들이 투쟁을 선언했고, 언론노동조합연맹과 기자협회를 중심으로 한 일선 기자들의 연대투쟁이 전개되었고, 각종 민주단체, 지식인, 학생 등이 언론탄압을 규탄하고 나섰다. 일반인들은 그들 나름대로 한겨레신문의 투쟁을 지지하거나 격려하거나 성원했다. 그들의 의사표시는 격려전화, 격려방문, 격려광고로뿐만 아니라 구독률 증가 그리고 고속윤전기와 사옥마련을 위해 모금하는 발전기금의 급속한 증가로도 나타났다.

한겨레신문 사태는 언론탄압이 야기하는 전형적인 정치경제적 결과를 보여줬다. 즉 정권을 언론을 탄압했다는 비난과 규탄의 대상이 되어 도덕성과 권위에 손상을 입고, 탄압의 대상이 된 언론은 세인의 관심과 지원 속에서 성장의 계기를 맞게 되었던 것이다.

그러나 이렇게 저항에 의해 성장하는 경우와는 반대로 언론이 정권의 탄압에 굴복함으로써 권언유착에 의해 성장한 경우도 있다. 이런 경우 언론은 민중을 탄압하는 정권의 도구로 전락하고 민중의 불신의 대상이 된다. 우리 언론들은 박정희 정권 때부터 대개 이런 방식으로 성장했고 따라서 정권에 유착되어 제도언론이 되었다. 이런 경향은 동아일보의 광고탄압사건 이후 노골화되었다.

언론탄압이 극에 달했던 유신치하의 1974년 10월 24일 동아일보 기자들은 '자유언론실천선언'을 통해 "우리는 자유언론에 역행하는 어떤 압력에도 굴하지 않고 자유언론실천에 모든 노력을 다할 것"을 다짐했다. 그리고 그때까지 정권의 통제로 전혀 보도되지 못하던 민주주의를 요구하는 움직임에 대한 보도를 실행하여 가려졌던 진실들을 조금씩 드러내기 시작했다. 그러자 정권은 동아일보에 대한 광고탄압으로 맞서 그래 12월 중순부터 광고해약사태가 벌어지기 시작했다. 이에 동아일보는 한동안 신동아, 여성동아 등의 자체 광고로 광고지면을 메우다가 광고탄압이 심화되자 이듬해 1월 중순부터는 할 수 없이 백지광고를 내보냈다.

　그러자 학생, 지식인, 종교인, 주부 등 각계각층의 독자들이 동아일보의 광고란에 민주회복, 언론자유보장, 동아일보의 건투 등을 비는 격려광고를 내기 시작했다. 이와 함께 독자들은 동아일보를 위해 광고 보내기 운동, 보급확대 운동, 성금 모으기 운동을 벌였다.

　그러나 기자들의 자유언론실천과 이에 대한 일반인들의 성원으로 사태가 점점 자신들에게 불리하게 확대되는 것에 놀란 정권과 하루빨리 정상적인 광고수입을 올리고자 하는 사주는 자유언론실천운동을 주도한 기자들을 폭력으로 회사에서 축출함으로써 사건을 마무리했다. 이로서 동아일보는 당당하게 성장할 수 있는 길을 버리고 권력의 품에 안주함으로써 일반의 기대를 저버린 비언론적인 길을 택했다. 이렇게 된 근본적인 원인은 언론이 박정희 정권의 특혜로 대기업으로 성장하여 언론사주의 힘이 커지고, 언론사가 언론활동 그 자체보다는 수익에 더 큰 비중을 두는 기업이 되었고, 간부들이 주로 사주와 권력의 편에 가담한 때문이었다.

　이 사건을 계기로 한국의 정권과 언론의 유착이 심화되어 언론은 정권을 감시하고 비판하기는커녕 정권의 일부로 편입되어 정권의 통치기구가 되었다. 그 대가로 언론은 정권의 각종 특혜 속에서 규모적으로 엄청난 성장을 이루었다. 지금도 우리 사회에는 정도의 차이는 있지만 이러한 두 가지 현상이 벌어지고 있는 안타까운 현실에 직면해 있다.

우리 사회
언론자유의 현주소

매해 언론자유순위를 발표하는 프리덤하우스에 따르면 우리나라는 MB정부 들어 2011년 언론자유국 지위를 상실한 이후 지속적으로 하락하고 있다. 우리나라는 노무현 대통령 시절에는 언론자유국 지위를 누렸었다. 국경 없는 기자회는 한국의 언론자유순위를 2003년 39위, 2004년 26위, 2005년 31위, 2006년 31위, 2007년 37위로 평가했다. 줄곧 30위권을 유지하던 이 순위는 MB정권 들어 곤두박질쳤다. 취임 첫해 47위로 떨어졌고, MBC 'PD수첩' 제작진을 체포한 2009년에는 69위로 급락했다.

한국 언론자유지수의 하락은 사회의 주요 이슈에 대해 바른말을 하는 언론에 대한 탄압과 공영방송 등 언론사에 대한 낙하산 인사, 사익을 위해 정권과 결탁한 다수 언론사의 권언유착 등의 합작품으로 볼 수 있다. 이로 인해 대다수 방송과 신문은 정권에 유리한 기사를 양산했고, 국정원 대선개입 의혹 등 정권의 잘못에는 눈을 감았다. 1980년대 초반 전두환 당시 대통령의 동정까지 주요하게 보도하면서 생긴 표현인 '땡전뉴스'는 '땡박뉴스'로 부활했다.

이제 한국의 언론 현실은 외국 언론의 조롱거리가 되어버렸다.

권력화된 언론이
조작사회
일등공신

군사독재 시절 정권유지 차원에서 수없이 조작됐던 간첩사건을 비롯한 이른바 공안사건들이 잘 말해주듯이 2014년 세월호 참사도 우리 사회에 만연한 조작의 단면들을 그대로 보여주고 있다. 고물 배를 헐 값에 사와 불법개조하여, 탑승인원과 화물적재량을 늘리는 과정에 개입한, 국가기관을 포함한 모든 관계인들의 미필적 고의의 조작으로 탄생한 괴물이 세월호이다. 결박도 제대로 하지 않은 채 과적한 것은 말할 것도 없고, 기름 값을 줄이기 위해 1,000톤 이상의 평형수를 빼버린 조작은 배의 균형을 흐트림과 함께 복원력을 상실케 하는 결정적 요인이 되게 한 것이다. 배가 기울어져 가고 있는데 선장은 승객의 구난조치보다는, 사고때의 책임과 그것이 미칠 선박회사나 선주의 이익을 위해 여러 번 통화하며 의논하는데 시간을 보냈다. 정치와 통치의 상징이며 무한 책임자인 대통령은 진정성은 조금도 보이지 않고 조작만 돋보이는 행동들을 보여주었다. 오바마 미국 대통령이 아버지의 마음으로 애도의 뜻을 전하며 빨리 구조되기를 바란다고 울먹일 때도 우리의 대통령은 피눈물을 흘리며 구조를 애타게 기다리는 가족들을 멀거니 바라볼 뿐이었다. 기껏 전화번호를 받아와 따로 전화한 것이 그리도 대단한 일이라고 선전하며 슬픔을 조작하고 있었다. 극우 일본 총리도 도쿄에 마련된 분향소에 말없이 가서 예절을 표하는데, 그냥 달려가면 될 것을 이리저리 계산하고 미적거리다가 가짜 유족 할머니 논란까지 일으켰다. 다른 고위 관료들의 행태는 말하기조차 부끄러울 정도다.

구조와 인양 과정의 난맥상도 조작사회의 산물이었다. 생명이 죽어가는 일촉즉발의 순간에도 주도권을 다투고, 성과를 챙기고 자기이익을 따지는 구조화된 조작사회에 인간은 존재하지 않는다. 돈만이 횡행하고 가짜가 판을 치는 인간이 없는 세상에, 인간 아닌 조작된 인간이 좀비처럼 움직이고 있을 뿐이다. 인간이 없는데 책임감이나 도덕성을 따질 수 있겠는가?

이런 조작사회의 일등 공신이 바로 권력화된 언론임은 말할 것도 없다. 이런 언론은 지금 이 시간에도 온갖 조작에 열을 올리고 있다.

2014년 세월호 참사는 우리에게 이런 조작된 우리 사회의 민낯을 그대로 보여주었으며, 우리 국민들에게 언론의 역할이 얼마나 중요한지를 되새기는 계기가 되었다.

그래도
우리 사회는
희망적이다

2014년 우리 사회에 큰 충격을 안겨주었던 세월호 참사를 계기로 '기레기'란 용어가 온 사회를 뒤덮었다. 기레기는 '기자'와 '쓰레기'의 합성어로 기자로서의 자질이 부족하거나 왜곡, 조작, 거짓된 정보를 기사로 제공하는 기자들을 통칭하는 인터넷 신조어로 우리 사회의 슬픈 현실을 그대로 반영해 주는 전혀 달갑지 않은 말이다.

언론의 자유는 국민의 자유와 비례관계에 있다. 그런 만큼 언론자유는 매우 중요하며, 언론인에게 주어진 사명도 높은 것이다. 많은 언론인이 자신의 신념과 데스크의 요구 사이에서 많은 고민과 갈등을할 것이다. 그래도 아직 '기사는 못 쓰더라도 기레기는 되지 말자.'며자성의 목소리를 내고 있는 언론인이 있기에 우리 사회에는 아직 희망이 있다고 생각한다.

언론에 대한 신뢰를 회복하기 위해서는 어떤 태도로 사건을 대하고누구의 입장에서 이야기하느냐가 중요하다. 앞으로는 '정부의 입장을

대변하는 기사', '정부의 입장을 대변하는 기사가 아닌 진실에 의거한
균형 잡힌 각자의 다양한 시각과 생각을 가지고 '국민의 입장'에서 '국
민의 목소리'를 담아내는 언론인이 더 많이 늘어나고, 그런 언론사가
우리 사회에서 성장 발전하기를 간절히 바란다.

역사(歷史, World):
민족적 자긍심을 키우는 올바른 역사관

PART VIII

주변국들의
우리 역사
왜곡의 현실

우리나라의 역사에 대한 무관심으로 인해 중국이나 일본의 역사왜곡에 대한 대응이 늦어지고 그로 인해 우리 역사를 잃어버릴 뻔한 위기를 맞이하는 것을 보면 한숨만 나올 뿐이다. 주변국들에 우리 역사왜곡을 더 이상 침묵해서는 안 된다. 기존에 6,352㎞라던 중국의 만리장성이 2009년에는 8,851㎞로 늘어나더니 최근에는 21,196㎞로 2009년 발표보다도 2배 이상 늘어났다.

이처럼 고무줄 늘리듯 만리장성의 길이를 부풀리는 것은 누가 봐도 다민족 국가인 중국의 정치적 의도로 현재 중국 국경 안에서 전개된 모든 역사를 중국의 역사로 만들기 위한 중국의 국가적 연구사업인 동북공정—중국이 자국의 국경 안에서 일어난 모든 역사를 중국 역사로 편입하려는 연구 동북변강역사여현상계열연구공정東北邊疆歷史與現狀系列硏究工程을 줄인 말—의 일환임이 분명하다. 기존의 중국이 홍보해왔던 만리장성의 길이는 중국 내 자위관에서 산하이관으로 말 그대로 만 리에 불과했으나 2009년에는 만리장성의 동쪽 끝을 단둥의 후장산성이라고 늘려 발표했다. 후장산성은 당 태종의 공격에도 함락되지 않았던 고구려의 박작성으로 알려진 곳이다. 이 발표로 박작성의 서쪽에 위치한 고구려의 안시성과 요동성까지 만리장성의 일부로 편입시켜버린 것이다. 게다가 2012년에 새로 발표한 만리장성은 서쪽으로는 신장위구르 자치구의 하미에서 동쪽으로는 헤이룽장성 무단장까지를 포함함으로써 독립운동을 벌이고 있는 티베트는 물론이고 고구려와 발해까지 중국 역사에 편입시키려는 의도를 분명히 하고 있는 것이다.

중국은 최근 신장된 국력을 바탕으로 티벳, 신장위구르 사태와 같이 소수민족을 억압하고 주변국과의 국경분쟁을 일으키고 있으며, 내적인 단합과 주변국과의 영토분쟁에 대비하여 역사왜곡을 자행하고 있다. 특히 한반도 통일 이후 일어날 가능성이 있는 영토 분쟁을 방지하기 위해 고구려·발해 등 한국 고대사를 중국의 동북쪽 변경 지역의 역사로 규정하고 왜곡하고 있다. 중국의 역사왜곡은 고구려와 발해의 중국사 편입에 그치지 않고 우리의 대표 무형문화인 '아리랑'마저 중국문화유산에 지정하기도 했다. 참 기가 막힌 현실이다.

일본은 일제 강점기에 우리의 민족정신과 유산을 파괴하거나 빼돌리고 지속적으로 독도까지도 자국의 영토로 편입하려 하고 있다.

하지만 우리나라는 일본의 독도 침탈에 중국의 고구려와 발해사 왜곡까지 우리 영토와 역사에 대한 왜곡과 침략행위에 적절한 대응을 하지 못하고 있다. 남북분단으로 중국의 역사 왜곡에 공동 대응할 여력이 없고 일본의 독도 침탈에는 '독도는 우리 땅'이라는 감정적 대응으로만 일관하고 있을 뿐이다.

그러나 지금은 영토와 역사를 둘러싼 국가 간 분쟁은 당사국만의 문제에 그치지 않는다. 역사적 사실은 주관적인 측면에서 객관적 입증이 가능해야만 한다. 그러므로 국제사회에서 우리의 주장을 인정받기 위해서는 국제사회를 설득시킬 합리적이고 실증적인 연구와 자료가 필요하고 전 국가적인 강력한 역사인식의 강화가 필요하다

우리나라의
잘못된
역사 인식의 현주소

　몇 해 전 '청소년 역사인식' 조사에서 6·25가 언제 일어났는지에 대해 잘 모르고 관심이 없는 충격적인 모습들, 방송사가 길거리에서 인터뷰한 장면에 '3·1절'에 대해 학생들에게 묻자, '삼점일절'이라는 답이 나왔다. '야스쿠니 신사'에 대해 또 물었더니 '야스쿠니 젠틀맨?'이라고 되물었다. 정말 황당하고 안타까운 모습들이다. 안중근 의사에 대해 한 대학생이 안중근 의사를 윤봉길 의사와 착각해 '도시락 폭탄'을 던진 사람이라며 옆 친구와 이야기하는 것을 보고 정말 당황할 수밖에 없었다.

　동북공정과 독도 문제의 가장 큰 적敵은 중국, 일본보다도 우리들의 '무관심'이었다. 이것은 역사적인 교육을 청소년들에게 제대로 하지 못한 기성세대들의 잘못이다. 이런 현실을 만든 기성세대들은 더 큰 반성을 해야 할 것이다. 주변국들이 자국의 미래를 위해 역사를 왜곡하는 것도 문제이지만 우리 스스로 우리 역사를 알지 못하고 왜곡하는 것만큼 나쁜 것은 없다.

우리의 역사교육이 왜곡되는 데에는 일부 세력들의 과거사의 부정과 일부 정치인들과 지식인들의 무책임한 언행도 큰 몫을 하고 있다. 우리가 살고 있는 이 시대와 근접한 근현대사에 대한 역사 인식이 이 정도이니 고대사는 어떻겠는가?

일제 강점기 이후 친일 행적이 제대로 정리되지 못하는 대한민국의 현실에서 우리의 역사 인식이야 오죽하겠는가?

해방된 지 수십 년이 지난 오늘까지 일제 식민사관이 한국 국사학계 주류를 장악해서 우리 민족의 영혼을 갉아먹는 상황이 지속되고 있다.

최근 국사편찬위원회에서 국사 교과서의 일왕을 천황으로 고치고, 을사늑약을 을사조약으로 고치라고 한 것은 일제 식민사관의 후예들이 국민세금으로 운영되는 한국사 관련 국가기구를 완전히 장악하고 있는 현실을 그대로 말해주고 있다. 또한 이런 행태를 반복해도 괜찮다는 자신감의 발로에서 나온 것이다. 중국 동북공정에 발 맞춰서 한사군이 한강북부에 있다고 주장하고 있는 동북아역사재단도 마찬가지 행태를 반복해 왔다. 그동안 식민사관에 대한 비판은 꾸준히 있어 왔으나, 현재까지도 계속 이어져 오고 있는 안타까운 현실이다.

한국사 관련 기구를 올바른 역사관을 가진 이들로 재구성해야 할 때이다. 일본에 의해 훼손되고 왜곡된 역사를 재정립해야 할 때이다.

역사를 잊은
민족은
미래가 없다

    역사를 소중하게 생각하지 않고 역사를 잊은 민족에게 미래는 없다. 우리 역사를 아는 것은 참 중요하다. 우리의 뿌리를 알고 지금 현재에 머무르게 된 과거 시간을 살펴보면서 우리의 존재가치를 확인할 수도 있고 미래를 그릴 수 있기 때문이다. 가까운 이웃나라인 일본과 중국은 역사를 왜곡하면서까지 역사교육을 강조하고 국민적 단합을 하는데 우리의 모습은 안타깝기 그지없다.

    과거가 없다면 현재도 없고 미래도 없다. 대한민국의 미래를 만들어 나가기 위해 가장 필요한 것은 올바른 역사교육이다. 글로벌 시대를 맞아 다른 선진국들은 자국의 역사뿐만이 아니라 세계사까지 교육을 강화한다고 한다. 기본적인 우리의 역사교육을 바로잡아 다가오는 미래에 더 강한 국가를 만들어야 할 것이다. 중국과 일본의 역사 왜곡을 탓하기만 할 것이 아니라 우리 스스로 역사를 제대로 알고 대응하는 것이 매우 중요하다. 우리 국토와 역사는 우리 스스로가 지켜나가고 발전시켜야 하기 때문이다.

정부와 교사들의 노력만으로는 심각한 역사왜곡을 바로잡는 데 한계가 있다. 현재와 같은 교육현실에서 역사왜곡이 방치될 경우 잘못된 역사인식에 물든 청소년들이 앞으로 사회의 중심으로 자리 잡을 때 국가마저 흔들릴 가능성을 배제하기 어렵다는 점에서 전 국가적이고 전 국민적인 관심과 지원이 절실히 요구된다. 역사는 우리의 뿌리이자 건전한 국민정신의 원천이자 우리 자체인 것이다. 청소년들이 올바른 역사교육을 받을 수 있도록 역사교육을 혁신해야 할 것이다.

선진국의 예를 살펴보자. 현재 독일과 같은 나라는 고등학교 교과에서 전체 수업 비중의 20%를 역사수업에 치중하고 있다고 한다. 빌리 브란트(Willy Brandt) 전 독일 총리가 폴란드에서 나치에 희생된 폴란드 유태인을 향해 무릎 끊고 진심어린 사죄를 하는 모습부터 지금까지 독일은 지속적인 사죄와 보상을 해 오고 있다. 이처럼 올바른 역사교육이 다음 세대까지 지속적으로 이어지면서 독일은 세계인들의 존경을 받는 나라로 다시금 우뚝 설 수 있게 된 것이다. '역사를 잃으면 모든 것을 잃는 것'이다.

현재 세계 최강대국인 미국의 역사는 고작 200여 년 밖에 되지 않았다. 그런데도 미국의 역사교육열은 대단하다. 미국은 국가가 아닌 주州별로 다른 교육 체계를 갖추고 있다. 그러나 대다수의 주에서 그들의 역사인 미국사 교육을 중시한다. 다문화 다인종 국가인 미국에서 역사야말로 미국민들을 하나로 만드는 중요한 매개이기 때문이다. 미국은 초등학교 때부터 자신이 살고 있는 도시의 역사교육, 중학교 때는 거주하는 주의 역사교육, 고등학교 때는 미국사에 대해서 집중적으로 배운다. 심지어 미국의 대부분 국공립 고교에서는 주州사史, 미국사 및 세계사를 이수하지 않을 경우 졸업을 못 하게 되어 있다. 수업 역시 우리나라의 암기주입식의 교육이 아닌 역할극, 체험과 같은 교육을 시행하고 있다.

가까운 이웃나라인 일본은 어떠한가? 역사교육뿐만 아니라 생활 속의 역사를 강조한다. 생활면으로 보면 일본 마을의 70~80% 정도에 그들의 조상신을 모시는 신사가 있다. 곁에 두고 끊임없이 보면서 배우고 느끼는 것이다. 그들은 근대 교육의 효시를 명치유신으로, 존왕애국을 역사교육의 목표로 삼아 일본 국민의 단결을 꾀하고 있다.

마지막으로, 이스라엘의 역사교육은 어떤가? 전 세계적으로 뿔뿔이 흩어져 있을 때에도, 독일 나치의 모진 학대에도, 그들은 살아남아 현재의 이스라엘에 자리를 잡았다. 이스라엘인들은 아픈 과거를 거울삼아 유태 민족의 근원을 바로 잡고 긍지와 자긍심을 불러일으키기 위해 정부, 사회, 가정할 것 없이 역사교육에 철저하다. 또한 『탈무드』를 통해 조상의 지혜를 받아 그들의 민족에 대해 다시 한 번 되새기고 있다.

충분한 역사교육은 한 나라의 국민으로서 가져야 하는 자긍심 및 국가관을 성립하는 데 꼭 필요하다. 국사 수업에는 역사적인 사건, 위인의 생애와 업적뿐만 아니라 정치, 경제, 사회, 문화가 들어 있다. 이를 통해 세상이 돌아가는 이치를 깨닫기도 하고, 선인들의 생활 지혜를 얻을 수 있다. 또 이러한 배움을 실생활에 적용하여 현재의 나, 가정, 사회의 문제를 역사적인 사건 또는 일화에 비추어 객관적으로 보는 시각 및 해결책까지 찾을 수 있게 되는 것이다. 우리말인 국어가 가장 기본이 되고 중요하듯, 우리의 역사는 우리의 과거, 현재, 미래 이야기로 우리에 대해 알아가는 필수과정이다.

위대한 우리 민족의 역사를 만들어온 순국선열과 호국영령들, 선조들 앞에 부끄럽지 않은 후손이 되고, 유구한 역사 속에 영원히 이어갈 역사 앞에 애국과 민족의 미래, 후손들에게 영광스런 역사를 물려주고자 역사를 바로잡고 역사교육을 강화해야 할 것이다.

미래는 현재 우리가 무엇을 하고 있는가에 달려 있다고 했다. 역사를 바로잡고, 지키고, 발전시키는 것이 우리 모두의 역사적 사명이다.

광개토대왕릉비를
통해 보는
우리 민족의 긍지

광개토대왕 서거 2년째 되던 해인 414년에 장수왕이 세운 광개토대왕릉비는 중국 지린吉林성 지안集安의 시청 소재지에서 동북쪽으로 약 4.5㎞ 부근에 위치해 있다. 윗면과 아랫면이 넓고 무게는 37톤 정도 되며 글자는 1,775자이며 이 중 150여 자를 읽을 수 없다. 장수왕이 이 비를 세운 목적과 알리고자 한 내용은 대체적으로 다음의 몇 가지로 여겨지고 있다.

첫째, 고구려가 광대한 영토를 개척한 후 질서 유지와 정통성 확립을 위해 세웠다고 보는 것이 정설이다. 비문 오른쪽 첫 구절에 始祖鄒牟○出自北扶餘天帝之子母河伯女郞(시조추모○출자북부여천제지자모하백여랑)', 즉 '시조인 추모는 북부여 천제의 아들이고, 어머니는 물의 신神의 따님이다.', 이어 다음 줄에는 '我是皇天之子母河伯女郞鄒牟王(아시황천지자모하백여랑추모왕)', 즉 '나는 황천의 아들이고 어머니는 수신의 딸인 추모왕이다.'라는 문장이 있다. 고구려의 시원始原을 설명하면서 천손 민족이라는 자의식을 선언하고 부여에서 유래한 정통성과 원(고)조선 계승성을 아울러 표방한 것이다.

둘째, 광개토대왕이 22년 동안 벌인 정복활동과 영토들을 연대순으로 기록하면서 그 정당성을 표방하고 있는데, 모든 정복활동이 하늘의 자손으로서 하늘의 뜻에 의해 이루어졌다는 것이다.

셋째, 고구려의 사상과 시대정신, 미의식을 상징물의 형식을 빌려서 표현하고 있다. 비는 세워진 장소부터 의미심장하다. 국내성은 고구려의 중심이다. 그곳에서 해뜨는 방향인 동쪽 들판 한가운데 평평한 곳에 동명왕의 신전일 가능성이 큰 장군총이 있다. 비는 장군총과 일직선으로 1,650m 거리에 있고, 압록강 가에 있다. 풍수사상에서 보면 중요한 혈穴 자리에 해당되는 곳이다. 장수왕은 이 비를 고구려가 정복한 여러 종족들을 통합하고 화합하기 위해 만든 것이다.

광개토대왕이 정복전쟁을 벌여 만주 일대와 한강 이북, 동해와 서해의 중부가 고구려의 영토가 되었다. 다른 자연환경 속에서 다른 문화를 가꾸며 살아온 여러 종족들이 고구려인이 되었다. 지금의 미국이나 중국처럼 다민족 국가가 된 것이다. 흔히 신흥 제국들은 문화의 갈등과 충돌을 막기 위해 권력과 법치, 군사력, 고도의 이데올로기를 이용하는 지배방식을 사용했는데 고구려도 마찬가지였다. 모두가 상생하고 조화롭게 사는 방식을 택한 것이다. 사실 이는 원조선부터 현재에 이르기까지 한민족이 지녀온 사상이다. 이질적인 종족과 문화들을 고구려라는 용광로에서 녹여내고 공동체를 이룩하려면 적합한 시대정신과 사상을 찾고 공동의 문화를 창조하며, 국가의 시스템도 개조해야 한다. 또한 이를 전파하고 교육하는 특별하고도 강력한 상징물이 필요했던 것이다.

장수왕은 고구려의 재도약을 통해서 고구려의 위상과 역할을 전환시키고자 했다. 따라서 아버지의 업적과 역사뿐만 아니라 자신과 신고구려가 추진해야 하는 국정지표, 시대정신, 동아시아 세계와 미래에 전달하려는 의미를 모두 담아 놓았다. 즉 광개토대왕릉비에서 우리의 자의식과 자랑스러운 역사, 그리고 세계는 평화롭고 상생해야 한다는 조화의 논리가 담겨져 있는 것이다.

일본은 비문을 훼손해 '임나일본부설' 등을 유포하면서 조선을 식민지화하는 정책도구로 활용했지만 동아시아의 국제관계와 고구려가 벌인 정복활동을 고려하면 일고의 가치도 없다.

이 무렵에 왜국은 핵심지역조차도 통일을 못한 소국들의 집합체였을 뿐 아니라 가야, 백제, 고구려, 신라의 강력한 영향력 아래에 있었다. 고구려는 동아시아 역사에서 700년 동안 자존심을 지키면서 강국으로 존재한 나라였다. 당시 중국은 5호 16국으로 분열되어 있었고 고구려는 이런 정세를 활용하여 큰 영토를 차지한 동아시아 최강대국이었다. 어쩌면 우리 민족 역사에서 가장 화려한 시절이라 할 수 있을 것이다.

고구려는 대륙과 바다를 지배했고 중국과 일본에 막강한 영향력을 미쳤으며 군사, 정치, 경제, 문화, 예술, 학문 등 모든 분야에서 선진국이었다. 고구려는 한민족의 살아 있는 역사이고 원형原形이며 기상이다. 지금 고구려의 피가 우리 몸속에 흐르고 있다.

남북 교류와 통일을 통해 해양과 대륙을 연결하고 이를 다시 한민족 웅비의 에너지로 만드는 것, 이것이 대한민국의 역사적 과제이다. 일본이 만들어 놓은 식민사관, 반도사관에서 놀아날 것이 아니라 대륙과 바다를 아우르고 동아시아를 주름잡고 세계의 평화와 상생을 만들어 가던 기상과 민족적 자긍심을 가지고서 다시 한 번 재도약해야 할 것이다.

우리가
만들어 가야 할
자랑스러운
미래의 역사

오늘은 내일의 역사가 되고, 어제는 오늘의 역사가 된다. 지금 우리는 주변 국가들이 내일의 역사를 자기편으로 서술하기 위한 치열한 노력들을 지켜보고 있다.

역사는 반복된다고 했다. 일본 아베 정권이 집단자위권을 행사할 수 있다는 결정과 함께 집단자위권 강화를 위해 노력하는 것도 외국과의 새로운 군사협력을 통해 군사적 외연을 확대하면서 중국에 대한 견제도 자국의 미래를 위한 발걸음일 것이다.

우리는 과거 중국과 일본倭으로부터 수백 번의 침략을 받아 왔고 일제 강점의 치욕스런 역사를 가지고 있다. 앞으로도 지속적으로 일본은 대륙 침략의 본성을 포기하지 못할 것이다. 육지로 세력을 확장해 나가고 싶은 것은 일본 입장에서 본다면 자연스러운 것이며, 중국의 세력 확대, 일본 대륙의 불안정 및 지반 침하 등으로 일본 민족의 미래가 불안한 상황에서 기회가 된다면 계속 시도할 것이다.

우리는 우리 한민족의 영원한 지속성과 후손들에게 자긍심과 긍지를 심어줄 수 있는 미래의 역사를 만들어야 한다.

우리는 국권의 상실과 일제의 강점기 문화 및 역사 말살정책의 결과 역사에 대한 자기부정과 자괴감이 마음 한구석을 차지하고 있다. 일제 강점 35년을 넘어 우리 역사를 바라볼 수 있는 눈을 잃고, 치열하게 살아온 스스로의 자취를 부정하게 된 것이다. 그런 시각에 오염되면 519년 동안 통일 국가를 이어온 조선의 슬기가 눈에 들어올 리 없다. 천 년 이상 하나의 통일국가를 유지해 온 정신세계에 현재의 분열되고 분단된 우리 스스로를 비춰볼 겸양도 갖추기 어렵다.

우리 역사에 자괴감이 드는 사람이 있다면, 주말에 시간을 내어 우리의 문화유적들을 찾아보자. 고조선부터 면면히 이어져 내려온 우리의 자랑스러운 역사, 고구려의 웅장함과 패기, 백제 문화의 화려함, 우아함과 세련미, 신라의 소박함과 조화미를 보다 보면 우리 문화가 선교사들 때문에 개화되고, 박정희 한 사람 때문에 근대화되었다고 이야기하는 것은 무지의 극치임을 깨닫게 될 것이다. 지금 우리 사회의 역사성을 회복하는 일은 매우 시급하다. 내일의 희망찬 역사를 위해서 말이다. 우리나라는 광활한 영토를 누리던 고구려, 발해 등 면면히 이어져온 민족적 저력이 잠재되어 있다.

우리는 미래에 통일을 이루고 난 다음에 만주 영토를 회복하게 되면 우리나라의 고조선과 고구려 그리고 발해의 역사에 관해서 집중적으로 가르쳐야 한다. 민족 통합을 위한 역사적 교육을 하기 위해서는 고조선과 고구려 그리고 발해의 역사에 관해서 전문적으로 연구해야 할 것이다. 뿐만 아니라 우리나라가 고려시대와 조선시대에도 만주 영토를 지배했던 시기가 있었는지 전문적으로 연구하고 체계적으로 알릴 필요가 있다. 또한 조선시대의 간도 영토에 관해서도 전문적으로 연구해야 하며, 역사적 교육을 위해서 국내와 국외에 떠돌아다니고 있는 역사적 유물을 확보하고 역사적 기록을 확보할 필요가 있다. 민족 통합을 위해 왜곡된 역사교육을 바로 잡아야 하며, 역사 과목을 중요 과목으로 선택해야 할 것이다.

만주영토를 회복한 통일한국의 시대에 이러한 역사교육은 민족 통합과 미래에 분열한 중국의 부활을 견제하는 국가의 초석이 될 것이다. 역사적 문제는 벼락치기처럼 갑작스럽게 준비할 수도 없을 뿐더러 오랜 시간에 걸친 체계적 준비가 필요한 까닭이다.

종교적으로 봐도 모든 종교가 우리나라에서 최고로 융성하고 있는 것만 봐도 미래의 통일한국은 역사상 유래 없는 번성을 누리게 될 것임을 확신하는 바이다. 그 날을 위해 우리의 과거의 역사를 지키고 가꾸어 나가야 할 것이며, 미래의 역사가 될 현재도 역사 속에 길이 남을 수 있도록 만들어 나가야 한다.

자긍심을 키우는 올바른 역사관

문화(文化, Culture): 한국의 얼과 혼이 깃들어 있는 문화

PART IX

문화의 수준은
곧 그 나라의
격格이다

문화의 수준은 곧 그 나라의 격이다. 문화는 바꾸려 한다고 해서 하루아침에 달라지지 않으며, 외적인 모양을 바꾼다고 해서 쉽게 끌어올려지지 않는다. 한 명의 천재가 기적의 발명품처럼 만들어 낼 수 있는 것도 아니다.

모든 국민들이 자기나라 문화에 대한 애정과 자부심을 가지고 보존과 재해석에 끊임없는 노력을 기울일 때 수준이 올라가고 덩달아 격도 높아지는 것이다. 문화는 본질적으로 오랜 기간의 작은 혁신들이 모아져 점차 새로운 모습으로 변화, 발전하는 생물체와도 같기 때문이다.

한 나라의 문화는 그 나라에 살고 있는 국민들에 의해 만들어진다. 국민의 삶은 문화 속에 녹아 있고, 문화의 수준은 국가와 국민들의 역량에 영향을 미친다. 한 나라의 국민적인 총역량이 100이지만 문화적인 수준이 50밖에 되지 않는다면 50 정도 수준으로만 보이는 것이다.

한 나라의 국민이 가지고 있는 가치관과 문화의 수준은 곧 그 나라의 자존심의 척도이고 국제사회에서의 위상이 된다. 역사적으로 봐도 싸구려 가치관과 저급한 문화를 가진 사회와 국가가 일반적으로 흥했던 적은 없었다. 반면에 하류 국가로 전락하거나 역사 속으로 사라졌던 경우는 어렵지 않게 찾아 볼 수 있다.

이러한 사실에 기초해 많은 국가들이 보편적인 가치관과 문화적인 격을 높이려고 부단한 노력을 하고 있는 것이다. 우리나라가 경제적인 도약과 외교적 위상이 높아지면서 많은 사람들이 이 것 자체를 국격의 상승과 동일시하는 경향이 있다. 물론 경제적 도약과 외교적 위상이 국격을 상승시키는 요인이자 결과이기도 하지만 한 나라의 국격이라는 것은 국제사회에서 경제적·외교적 역량뿐만 아니라 국내의 정치적·사회적·문화적·역사적 품격 등이 함께 고려되어야 하는 개념이다. 즉, 한 나라의 경제규모나 외교적 역량은 물론 그 나라가 국제평화, 환경보존, 인권 문제 등의 구제적인 이슈와 지식, 기술, 문화 발전 등에 기여하는 정도와 국민의 교육적·문화적·도덕적 수준 및 삶의 가치관과 시민의식 등 그 나라 국민의 삶과 생각의 품격이 국격을 나타낸다고 할 것이다.

개개인들에게 인격이 있듯이 국가에도 국제사회에서 인정받고 대우받는 품격이 있다. 이것이 바로 '국격'이다. 인격이란 타고 나거나 살아가면서 자연적으로 형성되는 성격에 개인의 노력이나 수양에 의해 형성되는 지적知的·도덕적 요소를 추가한 개인의 인격이 그 사람의 경제력이나 사회적 지위로만 평가될 수 없는 것과 마찬가지로 한 나라의 국격은 그 나라의 경력이나 국제사회에서의 위상만으로 평가될 수 없

한국의 얼과 혼이 깃들어 있는 문화

다. 개인의 재력財力이 곧 인격人格이 아니듯 나라의 국력國力이 국격國格은 아니다.

한 나라의 문화는 한 국가를 이루고 있는 국민의 삶이며, 문화의 융성과 도덕적 시민의식의 향상이 곧 국격을 향상시키는 것이며, 그 사회를 이루고 있는 모든 구성원들의 삶을 풍요롭고 행복하게 한다.

우리가
살아온
한국의 문화

우리의 부모세대들까지 우리 문화는 여유롭고 멋스러움, 정情이 넘치는 문화, 화합하고 조화하고 합치는 융합의 문화였다.

불과 반세기 전만 하더라도 우리나라를 방문한 외국인들의 이야기를 보면, 제일 먼저 그들의 눈길을 끈 것은 느릿느릿 대로를 걸어 다니는 우리네 할아버지들의 여덟 팔八 자 걸음걸이였을 정도로 우리 사회는 일상생활에서 여유가 넘쳐났다.

옛날 우리 선조들은 백결선생처럼 청빈의 철학과 노래詩로써 자족하고 사는 삶도 훌륭한 삶의 하나로 여겼다. 남의 집 떡방아 소리에 한숨을 쉬는 아내에게 실제 쌀을 구해다 주기보다는 거문고를 타는 멋으로 그 떡방아 소리를 대신해 준 백결 선생을 이상으로 삼고 있는 그런 사람들이었다. 김삿갓이 가난한 집에서 묽은 죽 한 그릇을 받아 들고도 오히려 그 죽 그릇에 거꾸로 어리는 산 그림자를 사랑하노라고

시 한 수를 읊은 것도 다 그러한 문화에 속한다.

가난이 멋이 되고 자랑이 되며 부가 오히려 수치가 되는 풍토에서는 가난한 자가 설 수 있는 땅에도 햇볕이 들 수 있는 것이다. 우리 문화에는 이 세상을 살아가는 데 인생의 맛, 이웃끼리 서로 정을 나누는 맛, 아름다운 그림을 보고 노래를 듣고 즐기는 맛이 깃들어 있다. 예술이 가난을 구할 수는 없지만 삶을 위로할 수는 있다는 말처럼 우리나라 국민들은 가난과 억눌림과 시달림 속에 살았으면서도 구겨진 얼굴을 하지 않고 웃음과 너그러움을 잃지 않았으며 한국의 맛과 멋에서 삶을 위로받으며 살아왔다.

우리보다 우세했던 민족들이 지구 역사상에서 흔적도 없이 사라졌다. 유럽을 말발굽으로 짓밟은 영웅 칭기즈 칸의 후예들인 몽골은 어떻게 되었는가? 세계 최고의 걸작품으로 치는 아름답고 정교한 에트비아 항아리를 만들었던 에트비아 민족은 이 지상에 남아 있지도 않다.

우리가 이렇게 반만년의 역사를 이어온 것은 힘으로만 살아온 것도 아니고 슬기로만 살아온 것도 아니다. 그 각박하고 억압당한 역사 속에서도 인간의 아름다움을 추구하며 그것을 가치로서 승화시킬 수 있는 마음의 여유와 멋을 지니고 있었기 때문이다.

우리 민족은 오랜 세월을 두고 어려운 일, 기쁜 일, 슬픈 일을 함께 나누면서 정으로 뭉쳐진 민족이다. 바로 이러한 정의 문화가 우리들 마음속에 면면히 숨겨져 있다. 한국은 일본보다 좀 지저분하고 사람들도 무뚝뚝한 것 같은데 시간이 갈수록 정이 붙는다고들 한다. 또 중국 사람들은 듬직한 대인 기질은 있어도 서로 아기자기한 정을 나눌 사람들은 못 된다고 한다. 국채보상운동, IMF 때 전 세계를 놀라게 한 금모으기 운동, 태안 앞바다 유조선 침몰로 원유가 범벅이 된 해안가를 깨끗하게 씻어내기 위해 꽉 메우던 사람들… 이것이 바로 우리 민족의 정이자 우리 민족의 저력이 아닌가 싶다.

　사람의 마음이 편해질 수 있는 사회가 바로 정겨운 사회이며, 정겨운 사회 속에서 살아가는 국민은 행복할 수밖에 없다. 우리 민족은 태극기의 태극이 그렇고, 비빔밥에서 보듯이 옛날부터 서로 화합하고 조화하고 합치는 융합의 사상 속에서 살아왔다. 우리나라에서 세계의 모든 종교들이 자리 잡고 융성한 것을 보아도 얼마나 우리 문화가 조화의 사상이 면면히 흘러왔는지를 알 수 있다. 예로부터 지층 문화 속의 우리 민족은 관대했고 모순을 포용하는 조화의 감각이 깊었다.

한국의 얼과 혼이 깃들어 있는 문화

우리가
살고 있는
문화

우리나라는 대륙과 섬, 육지와 바다가 연접해있는 소위 반도적 지리 조건을 가지고 있다. 따라서 문화권도 북방문화와 남방문화의 사이에 위치해 있어 특이한 지리조건과 문화조건을 가지게 되었다. 북방문화 는 중국문화와 유목문화 그리고 시베리아문화로 크게 나눌 수 있는데 이들 모든 문화가 역사의 흐름에 따라 정도를 달리하면서 우리의 문화 와 밀접한 관계를 가지게 되었다. 흔히 반도문화를 가리켜 주변문화의 융합체라는 표현을 쓴다. 실제로 우리의 문화는 이러한 다양한 문화 의 융합적 성격을 잘 드러내고 있다.

우리나라는 반도국가라는 지리적 특징으로 인해 어느 문화건 한번 들어오면 그만 흘러가지를 못하고 자연스럽게 정착하게 되는 경향이 있다. 종교를 봐도, 불교건, 유교건, 기독교건, 무속이건 한번 들어온 문화형태는 고스란히 전수되면서 오늘의 이 첨단 사회에도 아직까지 그 원형을 고수하고 있다. 또한 이러한 정체성의 영향으로 수용과 관용의 문화도 자연스럽게 갖게 했던 것이다. 물론 이는 주변국과의 상관관계에서 오는 역사적 영향이 크다고 할 것이다.

한국인, 일본인, 중국인 세 사람이 함께 길을 가고 있었다. 그렇게 어느 마을을 지날 때, 갑자기 비가 쏟아지기 시작했다. 비를 피할 마땅한 곳을 찾을 수 없어 할 수 없이 근처 돼지우리에서 비를 피하기로 했다. 그런데 조금 있다가 일본인이 "에이! 더러워서 도저히 못 있겠군." 하며 뛰쳐나왔다. 다음에 "나도 더 이상 못 견디겠다!"고 뚝심과 오기가 있는 한국인이 뛰쳐나왔다. 그런데 한참 기다려도 중국인은 나오지 않았다. 오히려 돼지 쪽이 뛰쳐나왔다고 한다. 중국인들이 둔하고 더럽다는 이야기지만, 해석하기에 따라서 역경 속에서도 끝까지 살아남을 수 있는 통 큰 대륙 사람이라는 칭찬이 될 수도 있겠다.

우스개 이야기지만 이런저런 것들을 살펴보면, 우리는 중국과 일본의 중간적 특징을 가지고 있는 것이 사실이다. 하나 더 예를 들어보면 세 나라의 정원에서도 그 특징이 잘 드러난다.

중국의 정원은 보통, 산악, 호수, 계곡, 동굴, 폭포 등의 자연 중 대규모의 풍경을 모방하여 대자연의 축도를 조성하여 다소 산만하고 현란한 특성을 지니고 있다.

일본의 정원은 사색적이며 절제적인 반면 다소 인위적이고 축소지향적인 면을 동시에 가지고 있다. 이와 같은 경향은 일본인들이 일반적으로 좋아하는 분재에서 단적으로 찾아볼 수 있다. 일본의 유명한 고사 가운데 손님을 맞이하는 준비로서 낙엽이 진 마당을 말끔히 빗

자루로 쓸어낸 다음, 사람의 손으로 인위적으로 나무를 흔들어서 나뭇잎을 떨어지게 만들었다는 이야기는 일본인의 특징을 잘 나타낸다.

우리의 정원은 자연의 아름다움을 그대로 가져다가 자연 나름대로 즐기도록 만드는 것을 원칙으로 한다. 우리의 정원은 계절의 변화를 민감하게 느낄 수 있도록 만들어졌는데 봄이면 신록이 움트고 꽃이 만발하며, 여름이면 녹음이 우거져 시원하고, 가을에는 풍성한 열매와 단풍을 볼 수 있으며, 겨울에는 낙엽진 나뭇가지의 고독을 느낄 수 있다. 즉 사람의 마음을 순화시키는 조용한 시詩가 흐르는 공간이다.

이렇듯 우리는 중국과 일본에 영향을 주고받으면서 중간적 특성의 문화를 만들어 왔다.

지금 우리 사회는 전 세계에서 유래 없는 급격한 경제성장과 사회변화를 경험하고 있다. 그래서 예전에는 중국, 일본과 상호 문화적 교류를 통해 발달되어 왔지만 지금은 서구의 영향을 더 많이 받고 있으며, 문화적 변혁을 겪고 있는 과도기이자 새로운 한류문화가 창조되고 확산되는 초기 과정에 있다.

서구 문명이 밀려들어와 지연, 학연, 혈연을 중심으로 한 정情의 문화에서 이성의 문화로, 힘의 문화에서 합리의 문화로, 단순히 순응적으로 받아들이던 수동적 문화에서 창조적 문화로, 체면을 중시하던 형식주의에서 내면의 실질적인 것을 추구하는 실질주의로, 폐쇄적 사회에서 행동지향적인 개방적 사회로, 우리의 전통문화와 새로운 문화가 융합되어지는 혼란과 격동의 문화 속에 살고 있다.

발상의
전환을 통해본
우리의 문화

　문화라는 것이 지식, 신앙, 예술, 도덕, 법률, 관습 등 사회를 이루고 있는 구성원들의 삶에 녹아 있는 총체적 습관이기에 우리의 문화를 일일이 다 열거할 수 없는 노릇이기에 우리가 우리 사회를 더욱 아름답고 건전하게 만들기 위해서 반드시 발상의 전환을 통해 개선시켜야 할 몇 가지를 살펴보면 냄비근성, 적당주의, 허세, 물질만능주의가 있다.

　흔히들 우리나라 사람들은 냄비처럼 쉽게 폭발하고, 쉽게 잊어버리는 나쁜 문화를 가졌다고들 말하지만, 좀 더 깊숙이 들여다보면, 냄비근성은 앞만 보고 달려온 한국의 근면성 때문일 것이다. 또한 자신의 감정에 솔직하고, 적극적으로 표현하고, 나라를 사랑하는 마음은 누가 시키지 않았는데도 금모으기, 월드컵 응원, 평화적 촛불시위, 각종 국가적 불행에 대한 추모열기에서 보이는 것처럼 어느 나라 국민들보다 빨리 신속하고 단결성 있게 모인다. 바로 한국인이 한국인일 수 있는 이유이기도 하다. 워낙 긍정적이고 미래지향적인 민족이기에 앞으로 나아가기에 바쁘기에 잘잘못은 빨리 잊어버리고 또 다른 내일을 준비하는 민족이기 때문이다. 단지 5% 부족한 면이 있다면, 과거의 실패를 미래의 발전으로 연결시키지 못하는 단절성에 아쉬움이 있을 뿐이다.

일본인들은 한국인들이 일하는 것을 보고 '적당적당'히 하고 '대강대강', '건성건성' 하고 치밀하지 못하니 자기들을 쫓아오기는 틀렸다고 한다. 하지만 이러한 현상은 우리 민족의 빨리빨리 정신에서 나온 것이며, 섬나라인 일본과는 달리 다른 대륙과 해양을 접하고 있는 반도 문화의 특성에서 기인한 것이다. 우리나라 기업들이 세계 최고를 자랑하던 일본을 제치고 세계 제일의 기업으로 성장하고 있는 것은 우리가 시대적 트렌드에 신속하게 대응했던 빨리빨리 문화의 긍정적 효과이다.

물론 눈앞의 성과나 효율성 극대화 측면에서만 접근한 까닭에 기초 과학이나 역사, 인문학적 분야에 대한 소홀한 나머지 장기적인 측면에서 한계가 있기는 하지만 이 또한 슬기롭게 극복할 것이라 믿는다.

우리 문화를 이루고 있는 허세 현상은 자기 PR시대에서 겸손은 미덕이 아니라 손해라는 사회적 인식 때문일 것이다. 절제되고 남에게 피해를 주지 않는 약간의 허세는 심지어 매력으로 비춰지기도 한다. 유달리 남의 눈을 의식하는 한국인의 허세는 남다른 측면이 있다. 명품 옷과 가방, 고가 패딩, 고가 위스키, 고가의 주택, 고급 자동차 등에 대한 한국 사회의 구매 패턴은 나를 위한 '가치 소비'를 넘어 허세로 이어진다. 적당한 허세는 긍정적인 측면이 많지만 지나치면 눈살을 찌푸

리게 만들고, 그 사회를 이루고 있는 많은 구성원들에게 상대적 박탈감을 주게 된다.

세계에서 우리 한국인에게 유독 두드러진 한국인의 고유한 특성은 온정주의, 공동체주의, 여유와 미덕이었지만 지금은 온정주의, 공동체주의는 조금 남아 있되 여유와 미덕은 도시에서 거의 사라지고 말았고 대다수 한국인들은 조급증을 지니게 되었다.

한국인이 이러한 조급증을 지니게 된 데에는 물질만능주의적 사고관이 작용하는 데에서 이유를 찾을 수 있을 것이다. 물질을 소유하는 데에 가장 큰 자본은 시간이다. 여유, 온정, 대화에 사용하는 시간을 감축하여 물질 소유를 위해 모든 것을 쏟는 것이다. 우리 사회에 만연하는 물질만능주의는 다양한 형태로 우리 주변에서 발현되고 있다. 이러한 물질만능주의는 단군 이래로 계속된 가난에서 벗어나기 위한 바람과 산업화 시대를 맞이하여 광복기에 나라를 팔아먹고 일본에 빌붙은 기회주의자들이 오히려 교육과 경제를 독차지하며 우리 사회 곳곳에서 득세하면서부터 심화되기 시작했다. 그들은 자신들을 합리화하기 위해 보편타당한 인문학적 가치들을 버리고 오직 경제적 성공만을 지향하는 치열한 경쟁사회로 내달리게 했다. 남들이야 어찌 되든지 간에 나만 잘살 수 있다면 무슨 짓이든 못할 짓이 없다는 타인을 배려하지 않는 극단적인 생각이 팽배해진 것이다.

동서고금을 막론하고 계몽된 인간 사회에서는, 물질적 가치보다 정신적 가치를 우위에 두는 경향이 뚜렷하다. 인류의 스승인 성인들의 삶이 그러했고 각종 교육과 종교 및 문화 또한 바로 이러한 정신적 가치를 고양시키려는 일련의 노력이었다. 그런데 산업사회 이후, 가치전도 현상이 급속도로 퍼져 나가면서 황금만능주의, 과학기술만능주의, 감각주의 등과 같은 물질적 가치가 활개를 치게 되었다. 이렇다 보니 더 소중한 생명의 가치나 도덕적 가치, 자연환경의 가치 등이 약화되게 된 것이다.

물질에 대한 욕심과 물질에 대한 풍요로움을 추구하는 것은 이 시대를 살아가는 우리에게 매우 중요하다는 것은 그 누구도 부인하지 못할 것이다. 다만 우리 사회의 경제발전과 세계적 위상에 맞게 우리의 정신적 가치를 향상시켜 물질만능주의 병패를 슬기롭게 극복해 나가야 할 것이다.

이제는
버려야 할
그릇된 문화

우리가 우리 사회를 더욱 아름답고 건전하게 만들기 위해서 반드시 버려야 할 몇 가지를 살펴보면 낮은 시민의식, 사대주의, 식민사관, 폐쇄성이 있을 것이다. 우리나라는 경제수준은 세계 상위에 속하고, 유엔 사무총장과 세계은행 총재를 배출한 자랑스러운 나라이다. 이처럼 경제 및 인권 분야에서 선도적 역할을 하고 있는 현 상황에 비추어 볼 때, 우리들의 시민의식 수준은 매우 뒤떨어져 있다.

금연이 시행되고 있는 공공장소에서 흡연은 말할 것도 없고 담배꽁초까지 함부로 버리는 일이 비일비재하다. 길을 가다보면 주차금지 표지판이 있는데도 무질서하게 주차되어 있는 차들을 볼 수 있다. 게다가 장애인용 주차구역에 버젓이 일반인이 주차하는 모습도 종종 눈에 띈다. 생활쓰레기의 종량제 실시 이후 쓰레기의 양이 많이 줄어들었지만 적지 않은 수의 시민이 쓰레기를 공공장소, 길거리, 남의 집 앞에 몰래 버리거나 고속도로 주변이나 산속에 투척하는 경우도 많다. 공공시설물 이용이나 자원 사용에서도 반성과 개선의 노력이 시급하다. 공항, 역, 정류소나 음식점 등과 같은 대중들이 많이 이용하는 장소에서 화장실을 가면 많은 아쉬움이 남는다. 물론 예전에 비해 확연히 달라진 모습을 볼 수 있으나 아직도 공공시설물에 대한 주인의식이 많이 부족하다는 생각이 든다. 진정한 선진시민이 되기 위해서는 주인의식을 가지고 공공의 것도 자신의 것처럼 여기고 아끼는 자세를 가져야 할 것이다.

몇 년 전에 국내를 대표하는 신라호텔에서 디자이너 이 모양이 한복을 입었다가 출입을 제지당한 일로 시민들의 비난을 샀다. 게다가 2004년, 일본 자위대 창립 50주년을 맞아 열린 행사에서 기모노를 입은 여성들의 출입이 자유로웠다는 사실도 연이어 알려지면서 시민들은 물론 일본, 영국, 미국 등지에서 심한 조롱을 받는 수모를 겪기도 했다. '자국문화를 경시하는 우스운 나라'라는 이미지가 언론을 통해 세계로 퍼져 나갔다.

예전에 단군의 상이 목이 잘리고 훼손되는 사례가 있었다. 이전까지 단군의 역사는 한민족의 역사에 논점을 두고 왈가왈부했다. 그러나 일제의 무수한 서적 훼손으로 인해 자료가 사라졌을 뿐 단군을 한민족의 역사로 인정했다. 그런데 정작 국내에서 우리 조상이 되는 존재의 상을 훼손한 것이다. 우리 자국의 역사를 멀리하는 경시 사상이 일고 있는 것이다.

우리 역사가 친일파들을 청산하지 못했기 때문에 그들이 일제 강점기부터 누려온 부와 권력을 유지하고 스스로를 정당화하기 위해 일본에 호의적이고 우리 민족을 미개하게 평가하고 있는 것이다. 중국, 서방, 일본을 거론하면서 더 악화될 수도 있는 상황이었는데 그나마 일본이라서 다행이라는 주장도 있었다. 이 얼마나 우리 민족에게 비수를 꽂는 말인가. 중요한 것은 일본이 우리 민족에게 행했던 만행이다. 그 만행 또한 친일 청산을 하지 못한 덕에 알려지지 않고 왜곡되고 잘못된 정보들이 많다.

얼마 전 우리나라를 대표하는 문창극 총리 후보자의 발언이 온 나라를 발칵 뒤집었던 사건이 있었다. 일제 강점기 때 일본인과 악질 반민족행위자들은 '일한병합은 천황폐하의 거룩한 성지에 따른 것'이라고들 했다. 그런데 대한민국 총리 후보라는 사람이 똑같은 말을 한 사실이 드러나면서 국민의 탄식과 분노를 자아냈다.

역사적으로 우리나라는 주변국 정세에 따라 영향을 많이 받았다. 그렇기에 외교적으로 주변정세에 잘 대처하되 우리 민족의 혼과 민족의 얼을 훼손시켜서는 안 된다. 우리의 의지와 무관하게 남북으로 분단되어 북한은 중국에, 우리는 미국에 의존적인 안타까운 현실에 가슴이 답답해짐을 느낀다. 우리의 역사를 100% 우리 의지로 만들어 갈 수는 없다 하더라도 미래의 역사에 떳떳하고 민족의 혼과 민족의 얼을 드높일 수 있도록 새로운 대한민국을 만들어야 할 것이다.

우리 민족은 예로부터 손님에게 호의를 베풀던 습성이 몸에 배어서인지 외국인에게는 항상 친절하다. 특히 백인들에게는 절대적이라 할 수 있다. 그러면서도 사촌이 땅을 사면 배가 아프다고 우리나라 사람들끼리는 과도하게 경쟁적이다.

국제경쟁시대로 들어간다는 것은, 다시 말해 작은 반도 속에서 싸우던 우리들의 경쟁의 폭을 넓힌다는 것이다. 바다를 건너고 산을 넘어 미지의 도시로, 서로 얼굴빛도 다르고 말씨도 다른 사람들과 싸워야 할 대상은 외국에 있다, 바다 건너에 있다는 원대한 생각을 가져야 한다.

우리는 합심하여 노력하면 절대로 국제 경쟁력에서 뒤지지 않고 다른 민족을 이길 수 있는 우수한 민족이다. 국제 경쟁력에서 이기려면 우리들끼리 경쟁하지 말아야 한다. 가령 우리가 외국에 나가서 우리 상사끼리 싸운다든지 무역을 하는 데 서로 살 깎아 먹기 식의 전략을 쓴다든지 하면 자멸하고 마는 것이다. 이제는 사촌이 땅을 사면 축하해 주는 새로운 상생의 문화를 만들어 가는 것이 어떨까?

계승·발전시켜야 할
아름다운
우리 문화

　　우리는 그동안 우리의 전통문화에 대한 열등의식을 가지고 살아 왔다. 누구는 일본의 식민지 정책 때문이라고 하고, 누구는 밀려드는 서구 문화의 홍수 속에서 우리 스스로를 비하한 탓이라고도 한다. 우리가 전통문화의 혁신과 재창조에 소홀했던 배경에는 분명 이와 같은 요인들이 있었을 것이다.

　　앞으로 글로벌 경쟁에서 뒤지지 않고, 경제력을 강화하고 과학을 더욱 발전시키기 위해서는 끝없는 긴장 관계를 이겨내야 하는데, 그것은 사람의 마음이 편안해야 한다. 그리고 사람의 마음이 편해질 수 있는 사회가 바로 정겨운 사회이다. 우리 사회가 그래도 각박해지지 않는 이유가 좀 느슨한 기질이 있고 정이 많은 사회이기 때문에 사람들이 도시 생활을 해도, 산업사회에 들어서도 각박해지지 않는 이유이다.

　　지금 우리는 옛날에 있던 것에 새로운 것을 합해야지, 옛날에 있던 것을 버리고 새 것만을 얻고자 한다면 마치 심장을 주고 돌심장으로 바꾸어 부자가 된 사람이나 마찬가지일 것이다.

오늘날 우리 사회가 우리 선조의 문화를 계승·발전시켜야 할 것은, 한옥, 한복, 한식 등 의식주를 포함하여 우리 삶의 전반에 걸쳐 일일이 열거할 수 없을 정도로 다양하고 많으나, 오늘날 그 무엇보다도 중요한 몇 가지를 굳이 말한다면, 정情의 문화, 가족주의와 효孝사상, 공동체 의식, 선비사상 등이 있다.

정의 문화

우리들은 이제 개인 대 개인의 정情으로부터 사회적인 정으로 시야를 확대해야 한다. 이제까지는 아는 사람들끼리만 정을 주고받았는데, 이제는 공장에서 일하는 사람이나 가난한 사람들, 또 학대받는 사람들에 대해서도 정을 나눠야 할 것이다. 가족끼리 친구끼리 또는 이웃끼리는 정이 두터웠는데, 혹시 낯 모르는 사람들에겐 비정하지 않았나를 깊이 있게 생각해봐야 할 것이다. 단군 이래 가난하게 살아왔기에 우리는 잘살기 위해 전통적으로 내려오던 풍부한 우리의 정을 잃어가고 있다. 아무리 큰 빌딩을 큰 공장을 세우고 그로 인해 번영을 가져왔다 할지라도, 정이 없는 사람은 하나의 지푸라기로 만든 허수아비에 지나지 않다.

여기에 정을 불어넣는 것은 전통적인 한국적 정의 소중함을 알고 그것을 간직하고 발전시키는 노력에서 실현될 수 있다. 현대의 기능주의 합리주의에 이 정을 접목시킬 때 훨씬 더 우리 사회는 여유와 풍요로움을 갖게 될 것이다.

가족주의와 효사상

미국, 영국, 프랑스, 독일 등 서양에서는 지금 나날이 사회가 위축되고 생산성이 낮아지고 있다. 반면 일본을 포함한 한국, 대만 등 동양에서는 생산성이 점점 높아지고 있다고 한다.

관련 분야를 연구하는 연구자들에 따르면 이는 가정의 차이에서 빚어지는 것이라고들 한다. 서양에서는 이혼을 많이 하는데 이로 인해 가정이 튼튼하지 않게 되는데 결과적으로 사회 전체가 병들고 불안하므로 결과적으로 마음 놓고 일할 수 없기 때문에 생산성이 저하되는 것이다. 하지만 우리 사회는 나는 고생했지만 내 자식만은 나처럼 키우고 싶지 않다며 악조건 속에서도 이를 악물고 열심히 일하고 절약해서 오로지 좋은 아버지, 좋은 어머니가 되어 내 자식만은 이렇게 고생시키지 않겠다는 의지가 거의 종교에 가까울 정도이다. 즉 한국 여자가 일단 어머니가 되고, 한국 남자가 일단 아버지가 되었을 때에는 세계 어느 나라 사람보다 강한 의지로 세상을 살아가는 것이다.

오늘날 한국 사회가 서구 사회를 앞지를 수 있는 것은 얼마 전까지만 해도 그 때문에 근대화가 늦어졌다고 생각한 바로 그 가족주의 때문이다. 가정이 튼튼하기 때문에, 또 대가족주의의 정신이 아직도 남아 있기 때문에 이 사회가 병들지 않고 건실할 수 있는 요인이 되고 있는 것이다.

우리는 근대화 과정에서 많은 것을 얻었지만 잃은 것도 또한 많았다. 그 잃은 것 혹은 잃어가는 것 중에 꼭 계승·발전시켜야 할 것이 우리 자식들을 위해 가정을 지켜나가는 전통이다. 아버지와 어머니가 튼튼하게 집안을 지켜나가는 그 가족윤리만큼은 아무리 핵가족화·개인주의화 되어간다 할지라도, 버리지 말았으면 한다.

아울러 고령화가 급속하게 진행되다 못해 초고령 사회로 진입하고 있는 이 시대에 우리 사회를 떠받치고 있던 효孝사상을 잃지 않았으면 하는 생각이 간절하다. 가장 한국적인 사상인 우리의 효사상은 가장 세계적인 사상이다. 실제로 효사상은 오늘의 세계가 상실한 가치이며 그래서 가장 절실히 요청되는 소중한 가치들을 그 안에 응축하고 있는 것이어서, 현대 사회가 안고 있는 모든 고민이 여기에서부터 풀려나갈 수도 있을 것이다.

첫째, 효는 지극한 인본주의를 바탕으로 하고 있다. 인간을 가장 존귀한 존재로 여기는 이 정신은 미래 사회의 새로운 중심 가치로 떠오를 것이다. 기계 문명 속에서 인간이 기계의 부속품으로 전락하는 극도의 인간 소외를 체험한 인간 사회에 앞으로 가장 절실한 과제는 인간 회복이 될 것이기 때문이다.

둘째, 효는 이타주의를 본질로 한다. 부모도 엄밀하게는 사실 나와 별개의 개체다. 그런데도 나보다 나 아닌 부모를 위한다. 그 끝은 이미 높은 차원의 이타주의이다. 산업화·도시화·개인화로만 질주해 가는 현대 사회는 인간의 가슴속에 극단의 이기심만을 심어 놓았다. 이 이기심은 세상을 갈등과 치열한 경쟁으로 내몰았다. 그렇기에 이타주의 역시 인본주의와 함께 미래 사회가 절실히 필요로 하는 가치인 것이다.

셋째, 효는 인내주의를 필수로 한다. 부모를 섬기고 받드는 과정은 곧 나의 충동과 감정을 억누르고 자제해 나가는 과정이다. 즉 효의 실천은 인내심이 발휘되는 과정이자 함양되는 과정인 것이다. 현대 사회는 인간에게서 참을성을 앗아가고 있다. 편리와 속도와 감각의 추구에 영합하여 쏟아져 나오는 현재의 모든 정신적·물질적 산물은 인간을 극히 충동적이고 즉흥적인 존재로 변모시키고 있다. 효사상은 '화가 난다'는 이유만으로 묻지 마 살인을 저지르기까지 하는 오늘의 세태를 극복하기 위해서 꼭 필요한 가치인 인내를 내포하고 있다.

넷째, 효는 절충주의를 필수로 한다. 부모를 모시는 자는 자신의 입장만을 고집할 수 없다. 세대 간의 조화를 이루려면 절충의 지혜를 발휘해야만 한다.

다섯째, 효는 평화공존주의를 내포하고 있다. 이것은 앞에서 언급한 가치들의 연장선 위에 있는 것으로 위로 부모를 받들어 모시면서 아래로 자식에 이르기까지 가족 전체를 이끌고 화평한 가정을 꾸려 나가는 것은 그 범위를 확대시켜 나가면 곧 홍익인간의 이념으로 연결된다.

효사상 속에는 이처럼 오늘날의 세계가 절실히 갈망하고 있는 소중한 정신적 가치가 담겨있다. 전 세계가 물질문명의 정점에서 극도의 정신적 황폐화를 경험하고 그 속에서 각종 문제를 안고 있는 지금 정신적 가치를 깨닫고 한걸음씩 향해 가고 있다. 효사상은 현대 사회의 위기적 상황을 극복할 수 있는 대안적 사상이며 이를 통해 커다란 미래의 희망을 발견할 수 있다.

공동체 의식

1960~1970년대까지 우리 사회를 이끌었던 우리 부모세대들의 서로를 보살피고 책임져주는 삶이 우리 한국을 기적의 한국으로 희망 가득한 미래를 이룰 수 있도록 해주었던 원동력이었던 것처럼 서로가 서로를 보살피고 책임져주는 사회만이 미래가 있다.

한 나라의 진정한 힘은 그 나라를 구성하고 있는 국민들의 정신에서 나오고 국민정신의 힘의 근본은 바로 공동체 의식이다. 국가가 어려움에 처했을 때 모든 국민이 공동운명체임을 인식하고 국난 극복에 힘을 모으기 때문이다. 이 점에서 외환위기 당시 금모으기 운동이나 태안 앞바다 원유 유출 사고 때 보여준 전 국민적 참여는 공동체 의식을 단면적으로 보여주었다. 그런데 우리의 역사에서 보았듯이 공동체 의식에 모범을 보여야 할 사회 지도층이 일반 국민들을 따라가지 못했다. 민초들은 국난극복에 힘을 모았으나 지도층은 자신의 이해관계를 따지기에 급급했던 것이 사실이다. 우리는 이제부터라도 공동체 의식이 잘 확립되어 있는 선진국으로부터 공동체 의식을 배워야 할 것이다.

우리가 지니고 있는 공동체 의식이라고 할 수 있는 것은 두레나 품앗이 등과 같이 농경사회에서 자연발생한 지역공동체 의식이 있으나 지역과 씨족 문중門中의 한계를 넘지 못하고 국가공동체를 성공적으로 견인할 수 없음이 과거와 오늘의 우리 사회 모습에서 증명되었다. 공동체 의식이 나라와 민족의 흥망을 좌우하는 핵심사상이라는 것을 아는지 모르는지 우리나라에서는 이 방면에 대한 적극적 노력이 보이지 않고 있다.

1960년대에 일어난 새마을 운동도 사실 일종의 공동체 운동이었고 '잘 살아보세, 우리도 할 수 있다!' 하면서 근면과 자조 정신을 강조하는 운동을 벌여서 많은 성과를 내었으나 농촌 경제 활성화 중심의 성과로만 그치는 한계를 보였다. 이 운동을 시대를 관통하며 국가·사회의 공동체 의식으로 확립할 수 있는 국민정신이나 사상으로 발전시키지 못했다.

지금이라도 우리나라는 국가·사회의 중심사상으로 국가운명체 사상을 개발하고 국민들의 중심사상으로 확립시켜야 할 것이다.

공동체 의식은 자기가 속한 가족과 지역과 사회와 국가와 더불어 전 인류를 포함해서 한 몸으로 인식하는 광활廣闊하고 거대한 의식세계意識世界를 의미한다. 먼저 자신과 자기 가족을 우선순위로 하고 점차 이웃과 사회와 국가, 세계를 향해 의식을 확장시키며 자기의 이해관계와 주변의 이해관계가 충돌하고 갈등할 때에 이를 조화와 절충으로 해결하려는 노력을 이끌어 내는 원동력이다.

선비사상

학문이 추구하는 근본목적이 '인간人間사랑'에 있다는 것은 만인이 긍정하는 사실일 것이다. 그럼에도 모든 학문이 첨단을 달리고 있는 현대 사회에서는 학문의 발전에 비해 인간 사랑의 의미는 너무나 미흡하게 나타나고 있는 듯하며, 특히 기술문명의 발달이 오히려 근심과 불안을 야기하고 인간의 생명과 행복을 위협하기도 한다. 이러한 모순은 여러 가지 원인이 있을 수 있을 것이나 학문의 근본목적을 망각하고 있거나 일지만 실천하지 못하는 '지행합일知行合一'의 선비정신이 부족하기 때문일 것이다.

오늘날 한국 사회의 현실이 '선비정신'에 대한 강한 필요성을 불러일으키고 있다. 지행합일의 선비정신에서 눈여겨볼 점은 강직함이 단순히 원칙原則과 정도正道를 고집하는 학자적인 성격의 발로만이 아니라 가난하고 보호받아야 할 나약한 국민들에 대한 '사랑'을 실천할 수 있기 때문이다.

우리는 선비정신에서 특히 부각되고 있는 '주체적主體的 삶'과 '자유정신自由精神'을 발견할 수 있다. 주체적이란 판단과 결정 그리고 행위에서 외부적인 권위나 힘에 의존하지 않고 스스로의 내적 확신과 양심에 따른다는 것이며, 이는 곧 '정신의 자유, 철학함의 자유'라고 말할 수 있는 것이다. 아무리 힘겨운 상태라 할지라도 그것이 진실이고 참된 실재의 모습이라고 한다면 우리는 그 어려움과 고난 위에서 우리들의 '삶의 의미'와 '인간됨의 가치'를 찾으려고 노력하지 않으면 안 된다는 것을 말하고, 그것을 현실 안에서 실현하고 있는 것이 선비정신의 참된 모습, 즉 '지행합일의 정신'인 것이다. 이는 곧 '의義로움'이라 할 수 있다.

언제부터인가 우리나라 대학들에서 철학과 폐지가 유행이다. 학생 충원의 어려움으로 경남대학교가 철학과 폐지를 결정한 데 이어 대전 지역 사립대 가운데 유일하게 철학과를 유지해온 한남대학교까지 폐과를 결정했다. 대전대학교는 이미 철학과를 폐지했고 지금 당장 폐지하지는 않겠지만 철학과를 비롯해 학생모집이 어렵다는 이유로 인문계 대학조차 위기를 맞고 있다. 아무리 명석한 학생들을 입학시켜도 학문탐구는 뒷전이고 취업이나 고시준비에 여념이 없는 대학, 일류대학의 여부가 취업률로 결정되는 현실에서 취업률이 낮은 대학이 할 수 있는 일이란 폐과라는 절차만 남겨 놓고 있는 것이다. 이미 기업이 된 대학에 사회에서 홀대 받고 영양가 없는 철학이 폐과 수순을 밟는 것은 안타깝지만 어쩌면 당연한 일인지도 모른다. 하지만 철학을 비롯한 인문학의 홀대로 이어질 세상을 상상하면 끔찍하기만 하다.

길을 걷고 있는 사람에게 '어디를 가고 있느냐?'고 물었을 때 '어디를 가고 있는지 모르겠다.'고 답하는 사람이 있다면 그 사람은 정신병자 취급을 받을 것이다. 인생도 마찬가지다. '왜 사는지', '행복이 무엇인지' 시시비비를 가릴 줄 모르는 사람이 어떻게 사람다운 삶을 살 수 있을까?

철학이 없는 사회가 그렇다. 불의한 권력, 물질만능주의 사회가 만들어 낸 결과이다. 사회 지도층의 대부분이 어떻게 하나같이 학력이나 경력에 걸맞지 않게 하나같이 부정과 비리, 탈법의 온상 같은 인간

형들뿐일까? 정치인, 재벌총수를 비롯한 대형교회 목사와 큰 절의 스님들, 권력기관인 법조계, 국정원이나 교육계, 종교계, 학계 가릴 것 없이 사회 지도층에 있는 사람들 중에 존경을 받을 만한 사람이 얼마나 되는가?

이제 대학에서 철학과까지 폐과하면 우리 사회는 어디로 갈까? 지식은 많지만 그 지식을 사적 이익을 위해서만 이용하는 사람들이 사는 세상이 과연 살만 한 세상일까? 똑똑한 사람들이나 출세했다는 사람들의 공통된 인식이 '내가 잘나고 똑똑해서'라고 생각한다. 그들은 한 사람의 의사, 한 사람의 법조인을 길러내기 위해 얼마나 많은 사람들의 수고와 노력이 뒷받침되고 있는지 모른다. 삶에 대한 철학과 윤리 도덕이 부족한 출세한 사람(?), 성공한 사람들은 나만 잘살면 된다는 생각만 갖게 된다.

철학과 도덕이 없는, 의로움이 없는 사회는 미래가 없다. 설령 미래가 있다 하더라도 그 미래에 대다수 구성원들은 결코 행복감을 느끼지 못할 것이다.

우리는 우리 사회의 건전하고 올바른 미래, 행복한 미래를 위해서라도 우리 선조들이 지녔던 '선비정신'을 계승·발전시켜 의로운 사회를 만들어 가야 할 것이다.

우리가
만들어 가야 할
새로운 문화

어떤 유명한 시인이 말하기를, 행복한 사람이란 내일 아침을 기다리며 잠자리에 드는 사람이라고 했다. 아침을 기다리며 잠자리에 드는 사람과 아침 해가 뜨지 않기를 바라는 사람이 인생에서 행복과 불행을 결정한다고 할 수 있다.

우리 국민 모두가 아침을 기다리며 잠자리에 들 수 있는 대한민국을 만들기 위해 우리가 만들어 가야 할 새로운 문화는 미래지향적 시대정신, 개척자 정신, 창조 정신, 융합과 통합의 문화일 것이다.

미래지향적 시대정신

우리 사회는 반세기 동안 '한강의 기적'이라 불리는 경제발전을 이룩하며 도시화가 진전됐고 그 과정에서 주거양식이 변화되었으며 핵가족이 주류主流가 되면서 가족규범 또한 급속도로 해체되기 시작했다. 경제수준이 획기적으로 향상되고 정치적으로 민주화가 진전되면서 공공의 사회적 가치보다 개인의 가치를 중요시하는 인식이 확산됐다. 동전의 양면처럼, 발전의 원동력이었던 '빨리빨리' 문화로 인해 날림, 부실공사, 적당주의와 법 경시 풍조가 나타났고, 빨리빨리 강박감은 예스만을 강요하는 비합리적 조직문화를 낳았다. '모로 가도 서울만 가면 된다'는 편의주의적 사고방식은 목표 달성을 위해 수단과 방법을 가리지 않는 목표지상주의도 몰고 왔다. 사회 전반적으로 규범과 가치관의 혼란이 생겨 법과 사회질서를 존중하는 준법정신은 약화됐다.

인간의 자발적 행동은 동기부여動機附與에 의해 결정되고, 그 동기부여는 결국 제도에 의해 결정된다. 제도, 동기부여, 행동의 관계를 제대로 이용할 수 있다면, 먼저 우리의 제도가 무엇에 의해 결정되느냐 하는 질문에서 답을 찾을 수 있어야 한다. 제도를 만들어 내는 것은 한 사회의 시대정신時代精神, 즉 구성원들 다수가 공유하는 가치관이 어떤 특징을 갖느냐에 의해 결정된다.

많은 나라들이 중진국까지는 쉽게 도달하다가 선진국 진입의 문턱에서 주저앉곤 한다. 중진국 중후군의 이유는 무엇일까. 바로 발전하려는 마음을 시대정신에 접목시키지 못하기 때문이다. 발전의 주체인 사람이 미래를 위해 나설 마음의 준비가 되지 않았는데 자본과 기술을 공여한다고 발전이 일어날 수는 없는 것이다. 국가발전이란 국민들이 자기향상의 동기, 즉 '발전의 정신'을 갖는 데서 출발한다고 봐야 한다. 이 시대 우리 사회에 절대적으로 요구되는 시대정신을 포함한 문화적인 변화나 개혁은 세대 또는 세기 단위로 이뤄진다.

한 나라의 의식, 가치관과 관행 등을 포괄하는 문화의 경우에는 공식적인 법과 제도가 장기간에 걸쳐 습관화되면서 문화의 일부로 자리 잡아 간다. 한 개인이나 조직, 국가에게 중대한 시기가 있게 마련이고 그 시기를 어떻게 넘기느냐가 미래의 운명을 결정짓는 중대한 역할을 한다. 우리 사회는 지금이 매우 중요한 시기가 될 것이다.

우리 민족이 지난 수세기 동안 지녀온 사회구조와 제도, 그리고 정치, 경제, 사회적 상황이 우리의 생활태도와 가치관을 형성시켜왔다. 조선시대의 양반 지배층에 의한 수탈과 학정, 일제의 가혹한 식민지 지배체제 속에서 다수 민중들은 시달림을 당했고, 남북분단과 6·25전쟁의 후유증으로 인한 이념의 갈등과 대립에 의한 피해의식, 1960~1970년대의 산업화시기에 겪은 개발독재와 정치적 탄압, 황금만능주의, 목표지상주의 등이 오늘날 우리 사회를 지배하는 가치관으로 자리매김한 것이다. 이런 급격한 변화의 소용돌이 속에서 우리 국민 모두는 자기의 운명을 예측하기 어렵고 권력과 경제력을 가진 자들의 힘 앞에서 스스로가 무력함을 뼈저리게 느낄 수밖에 없었다.

이런 상황에서 가능한 길은 저항과 순응뿐으로 일부 선각자들은 이에 맞서 싸우다 온갖 핍박을 당했으나 대부분의 국민들은 순응해서 어떻게 해서라도 자기생명과 가족, 재산을 보전해 온 것이다. 현실에 적응한다는 것은 살아남기 위해, 자신의 피해를 최소화하기 위해서 불의에도 타협하고 적당히 모른척하고 지나쳐야만 하는 것이다.

'나와는 상관이 없다'라든가, '공연히 참견해서 손해 볼 일 없다'는 등 어떤 일의 옳고 그름 그 자체보다는 자신에게 미칠 이해득실을 먼저 따져 행동하게 된다. 그러나 이 같은 태도는 당장에는 자기의 보호에는 유리한 듯하지만 결국 자기에게도 손해인 것이다. 내가 직접 피해자가 되었을 때 아무리 발버둥을 쳐도 다른 사람들이 모르는 체 한다면 결국 자기도 피해를 입게 되어 있다. 이것이 사회적 정의와 공익에 관심을 가지고 살아야 하는 이유이다.

이제 선진국으로 도약하고자 하는 우리는 우리 후세들에게 물려줄 희망찬 미래를 위해, 좀 더 인간의 행동을 옳고 그름에 근거를 두고 판별하는 태도가 절실히 요구되며 스스로 공중도덕을 잘 지키고 사회적 공익을 우선하는 태도를 가져야 한다. 우리가 가지고 있는 가치관과 생활태도가 우리 사회의 현실을 규정하고 있으며 동시에 미래를 결정하기 때문에 현실 안주의 가치관에서 미래지향적인 가치관으로의 변혁이 필요한 때이다.

개척자 정신

'뉴 프런티어(New Frontier Ship) 정신으로 새로운 미국 건설을 부르짖었던 케네디 대통령은 "비젼(Vision)이 없는 국민은 망하고, 개척자 정신이 없는 나라도 망하고 만다."고 했다.

요즘 우리 사회는 직업의 안정성과 일반 기업에 비해 상대적으로 적은 스트레스로 인해 공무원, 선생을 직업으로 선호한다. 우리나라는

대한민국 행복 프로젝트

210

PART IX 문화(文化, Culture)

자원이 많은 국가도 아니고, 경제력이 우수한 선진국도 아직 되지 못했다. 이런 상황에서 보수적으로 안정적인 직업만을 찾는 젊은이들이 늘어나고, 사회현상으로까지 이어지는 것은 매우 안타깝다. 사업가도 그냥 돈을 버는 것이 아니다. 수많은 실패와 역경을 견디고 나서, 정말 몇 퍼센트만이 성공적인 삶을 누리고 있는 것이다. 직장인들이 보기에 사업가가 좋아 보이지만, 성공한 몇몇 사람의 성공한 현재만 보기 때문이다.

미국이 세계 최고의 강대국이 되기까지는 '개척자 정신'이 있었기 때문이라는 사실은 그 누구도 부인할 수 없다. 우리나라 젊은이들과 사회가 개척자 정신을 가지지 못한다면 한국의 미래는 어두울 것이다.

'세상을 넓고 할 일은 많다.'며 전 세계를 누비던 김우중 대우그룹 회장처럼 우리나라 경제가 한참 잘나갈 때는 대기업 다니는 회사원이 인기였다. 요즘 같은 글로벌 경쟁에서 국가가 살아남기 위해서는 경제인이 대우를 받아야 하고, 경제의 최일선에 나서는 비즈니스맨들이 선망하는 직업이 되어야 하고 존경을 받아야 한다. 국민의 세금으로 국가 정책을 집행하는 공무원에 국가의 우수한 인재들이 무작정 몰려가는 것은 우리의 미래를 위해서 좋지 않다. 우수한 인재들은 지구촌 곳곳을 누비면서 국가 이익을 위해 돈을 벌어와야 한다.

우리나라는 부존자원도 없고, 국토가 넓거나 인구가 많은 것도 아니다. 오로지 우수한 인재만을 조금 가진, 주변 강대국에 비하면 약소국에 불과하다. 세계를 돌며 국가산업 기반을 일구고, 생산한 상품을 팔고, 생산에 필요한 자원을 확보하는 일은 국가 발전을 위해 매우 중요한 문제이다. 단지 조금 힘들다고 포기할 그런 일이 아닌 것이다. 자신의 모든 혼과 열정을 불태우며 세상을 앞서가는 개척자들은 사회의 편견과 맞서 싸우는 것은 기본이고, 때론 황당할 정도의 오해와 모함을 받기도 한다.

우리의 미래를 위해서 우리 사회의 다양한 분야에서 열심히 일하고 있는 개척자들을 지켜주고 도와주는 사회풍토 조성이 필요한 때이다. 개척자 정신을 가진 이들은 앞으로의 한국 사회를 새롭게 탈바꿈시키고 세계 속의 한국으로 도약하게 할 수 있는 아이디어와 정열을 가지고 있는, 소중한 국가의 재산이다.

창조 정신

우리 한국이 '한강의 기적'에 이은 새로운 도약을 위해서는 실패를 두려워하지 않고 새로운 것에 도전하는 창조 정신이 절대적으로 요구된다.

이스라엘은 좁은 국토, 빈약한 지하자원, 높은 국방비, 세계 최고의 수많은 인재를 가지고 있는 나라로 우리나라와 비슷한 나라이다. 주변국에 지배당하고 국민이 고통받았던 뼈아픈 역사 또한 우리와 비슷하다. 하지만 유태인은 세계에서 노벨상을 가장 많이 탄 민족이다. 우리 민족과 비슷한 유태인을 보면서 희망을 찾아볼 수 있다.

창조력을 이끌어내는 데는 몇 가지 요인들이 있는데 유태인들의 역사에서 한번 살펴보도록 하자.

첫째, 유태인들은 외부로부터 많은 자극을 받았다. 그들만큼 전 세계적으로 학대를 받고 설움을 받은 나라가 없다. 2차 세계대전 때는 히틀러에 의해 국민의 1/3인 600만 명이 학살되는 아픔을 겪었으며, 나라 없이 전 세계를 떠도는 세월이 얼마였는가?

둘째, 유태인들은 전 세계, 동유럽에서부터 미국에 이르기까지 모든 문화와 접촉하면서 살아 왔다. 자국문화와 외래문화의 접촉이 잦을수록 창조력이 생긴다고 볼 수 있다. 폐쇄성으로 인해 멸망한 몽골은 보호를 받지 않으면 거의 살아갈 수 없을 정도로 쇠퇴했다. 배타적이고 남의 것을 받아들이지 않을 때에 창조력이 생기기 어렵다

셋째, 유태인들은 만장일치를 싫어할 정도로 개성이 강하고 자유로운 민족이다. 제멋에 겨운 사람들이 많을 때 창조가 나오는 것이지, 사람들이 획일적이라면 창조가 나오지 않는다.

이스라엘의 역사적 성공에서 알 수 있듯이, 우리가 지금까지 겪어왔던 고난과 수난, 한결같이 밖으로부터 들어온 문화들, 그러면서도 개인의 자존심을 잃지 않았던 기질은, 새로운 것을 이해할 줄 알고 기꺼이 받아줄 줄 아는 창조적 환경과 상상력을 존중하는 분위기를 만들어 주면 반드시 엄청난 힘을 발휘하게 될 것이다. 그리고 이 엄청난 힘은 '한강의 기적'을 능가하는 새로운 대한민국을 만들어 낼 것이라고 확신한다.

백남준, 정경화 같은 재능을 가진 사람들이 한국에서 살아가고 있다는 하나의 조건 때문에 마음껏 자기 재능을 발휘하지 못했다면 이

건 사실 부끄러운 일이다. 왜 우리의 자랑스러운 인재들이 외국에서 교육받고 외국에서 활동해야만 세계적인 인재로 거듭나는가? 유학이 나쁘다는 것이 아니고 우리 환경도 유학을 가지 않아도 될 수준으로 만들어 내야 한다는 것이다. 우리는 역사적으로 세계 최고의 천문대, 세계 최초의 금속활자를 만들어낸 민족이 아니었던가?

아마도 지금 아시아를 넘어 세계로 뻗어나가고 있는 한류열풍이 그 서막이 아닌가 싶어진다.

융합과 통합

'융합과 통합'은 이 시대를 비롯하여 우리에게 다가올 미래세대를 아우르는 시대적 키워드가 될 것이다. 이는 '둘 이상의 사물의 서로 섞거나 조화시켜 하나로 합함'을 뜻하는데 일상생활에서는 잘 쓰이지 않고 과학적 용어로 주로 사용되어 왔으나 최근 들어 경영분야, 과학분야 등 우리 일상생활 모든 부분에서 새로운 혁신적 변화의 주요 키워드로 사용되기 시작했다.

20세기에서 21세기로 전환하는 시점에서의 상징 키워드는 '해체'였다. 기존에 추구하던 가치와 권위들이 송두리째 의미를 잃고 해체 자체가 미덕인 것처럼 여겨지던 시기였다.

그동안 해체되고 분열되던 가치들이 이제 융합하고 통합하는 과정에 돌입했다. 해체되고 분열되는 과정에서 경험했던 모든 무기력에서 벗어나 이제는 활력 가득한 생동의 시기가 될 것이다. 이제까지 버려 졌던 가치들을 다시 찾아 융합하고 혁신하여 새로운 가치를 창출해야 하는 시기이다.

'세계는 한국으로 한국은 세계로'라는 말은 언제 들어도 가슴 뛰게 한다. 세계의 모든 문화가 한국으로 모아지고, 한국에서 재창조되어 세계로 다시 뻗어나가는 것은 정말이지 생각만 해도 행복해진다.

우리나라가 전 세계의 모든 문화를 다 녹이는 지구촌 용광로가 되고, 모든 문화를 받아들이고 내보내는 문화 플랫폼이 되어 문화강국으로 세계 속에 우뚝 설 날을 손꼽아 기다려 본다.

PART X

종교를
말하다

    종교宗敎란 신성하거나 거룩하거나 영적靈的이며 신적神的인 것으로 종교宗敎란 한자어에서 알 수 있듯이 우리 인간의 가르침에서 가장 기본이 되는 동시에 가장 으뜸가는 가르침이다. 맹모삼천지교의 새로운 해석에서 이야기하는 것처럼 그래서 맹모가 죽음을 제일 먼저 가르치고자 했을 것이다.

    종교는 인간이 당면한 궁극적 물음에 대한 해답을 찾거나 삶의 참된 의미가 무엇인가를 추구하는 인간의 강한 욕구로 인해 인간이 인간인 이상 인간의 삶에 없을 수 없는 절대적인 요소이다. 왜냐하면 인간을, 좀 더 구체적으로 '우리 자신'을 깊이 이해하는 것은 인간의 삶에 그토록 중요한 요소로 깊이 자리 잡은 종교를 이해하지 않고는 불가능한 일이라 해도 과언이 아니기 때문이다.

    종교에는 투영되어 있는 인간 자신의 모습들이 담겨져 있다. 종교를 떠나서 문화적·역사적 이해가 불가능한 것이다. 그렇기에 인간이 역사적으로 이룩해온 종교를 이해하는 것은 인류의 문화와 역사를 이해할 수 있을 뿐만 아니라 인간 이해 자체의 전제조건인 셈이다. 즉 종교에 대한 이해와 탐구는 이런 의미에서 누구나가 가져야 할 '인문학적 관심'이라 할 수 있다.

신앙이나 믿음은 우리 인류의 한계를 넘어 모르는 것들을 설명하기 위해 존재해 왔다. 그래서 모든 종교는 옳고 그름의 문제를 넘어선 믿음(신앙고백)의 문제를 가장 중요시한다.

우리 인간은 원시시대에 지극히 약한 존재였다. 인간이 자연 속에서 살던 원시시대에 자연은 인간의 삶을 보살피는 토대가 되었지만 동시에 인간의 삶을 위협하는 존재이기도 했다. 바다. 강, 산 모든 자연이 삶의 터전이자 두려움과 공포의 대상이었다. 자연에 대한 지식이 없고 경험을 문자의 형태로 보관할 수 없었던 시절에 번개나 화산폭발 같은 자연활동은 인간의 이해범위를 넘어서는 범주에 있었다. 또 짐승들의 습격이나 외적의 침략도 한정된 정보만으로는 이해할 수 없었으며, 이는 두려움과 불안함으로 이어졌다.

이에 인류는 최초의 종교 형태인 토테미즘, 샤머니즘, 애니미즘 등의 형태로 자연 현상을 이해하고, 여기에 구전으로 내려오는 유용한 경험 등을 접목시켜 인류의 생존과 공동체를 유지하는 데 필요한 지식을 전승시키게 되었다. 인구와 인류사회 규모가 커지게 되고, 원시적이고 비효율적인 수렵 경제에서 농경으로 변환하게 되자, 사회체제의 보호 장치로서, 사회체제의 강제장치로서, 종교에 어느 정도의 권능과 사회적인 책임이 생기게 되었다. 또한 문자의 발명으로 지식이 쌓이게 되

국가의 존재 이유는 무엇인가

자 종교는 한층 체계를 잡아나가면서 사회적으로 커다란 권위를 가지게 되었다.

과학에 대한 개념이 본격적으로 성립하는 근대까지는 종교는 인류사에 절대적인 의미를 가졌다. 인류 역사와 함께 성장해온 종교는 문명이 발달할수록 문화 및 행동 양식에 끼치는 영향도 점점 커졌는데, 사회 집단 내에서 사회적 불만을 해소하고 체제를 안정시키며 도덕, 양심, 박애, 사랑 같은 장치를 통해 사회적인 약자를 보호하는 복지 기능을 겸하기도 했다.

현대 사회에 와서 종교는 상당수의 선진국 국가에서 예전만큼 힘을 쓰지 못하고 있다. 이는 과학의 발달로 이전에는 종교로밖에 설명되지 않았던 자연현상이 밝혀짐에 따라 종교의 권위가 약해지고 사회체제의 변화로 인해 오래된 종교의 관습체계에 대한 매력을 느끼지 못하기 때문이다. 20세기 들어 왕권이 하늘로부터 내려왔다거나 신의 대리자임을 부정하는 민주주의가 확산되고, 과학이 발달하여 종교의 권위는 하락하게 되었다. 실제로 선진국일수록 종교에 대한 관심이 줄어들고 후진국일수록 종교가 사회에 영향을 미치는 영향이 강하다는 연구결과도 있다. 비교적 오랜 기간 동안 민주주의를 경험했고 먹고 사는 데 큰 걱정이 없으며 교육수준이 높으니 종교에 연연할 필요도 사회의 안정을 위해 종교를 사용할 이유도 없기 때문이다.

오래된 기성종교가 현대 사회에 맞춰 변하는 것이 어려운 틈에 신흥종교는 현대 문명에 맞춘 신앙과 규범을 내세우며 우후죽순처럼 생겨나고 있고, 그중에는 사이비종교도 급속히 퍼져서 사회 불안의 요인이 되고 있다.

어찌되었든 종교는 과거에도, 현재에도, 우리 사회를 이루고 있는 주축으로 자리 잡고 있으며, 종교 탄생의 가장 큰 원인인 미래에 대한 불안과 두려움이 지속되는 한 앞으로 다가올 미래에도 인류의 역사와 함께 할 것이다.

개인과 사회에 봉사, 헌신하는 종교

세계의
종교를
둘러보다

세계의 종교에 대한 이해는 자신의 종교와 타 종교를 더욱 깊이 이해하는 데 도움이 되고, 우리가 누구인지를 아는 데 매우 중요하다. 세계적으로 활동 중인 종교의 종류는 대표적인 4대 종교인 그리스도교, 이슬람교, 힌두교, 불교와 자이나교와 시크교, 유교, 도교, 신도, 조로아스터교, 동학 등 무수히 많은 종교와 민간 신앙이 있다.

이 책에서는 간단하게 세계적으로 가장 많은 신도들을 보유하고 가장 보편적인 4대종교에 대한 기본적인 내용만 언급하도록 한다.

현재 전 세계적으로 가장 많은 인구가 활동 중인 그리스도교는 BC 7세기경 이스라엘 베들레헴에서의 탄생한 나사렛 예수의 삶과 가르침과 죽음과 부활에 기초한 종교이다. 로마 가톨릭교, 동방정교회, 개신교 등 세 개의 주요 집단으로 나눌 수 있고, 이외에도 세계 전역에 수많은 종파들이 활동 중이다. 이 모든 교회와 종파는 그리스도를 통한 인간 구원의 필요성에 대한 절대적 믿음을 표방하고 있다.

이슬람교는 그리스도교 다음으로 큰 종교일 뿐 아니라 세계 대표적 종교들 중에서 가장 빠르게 성장하고 있는 종교이다. 중동의 아랍 여러 나라에서 신봉하는 종교로 이란, 아프리카, 인도, 방글라데시, 필리핀, 중국, 러시아 등에서도 활동이 이루어지고 있다. 이슬람교의 창시자는 무함마드로 570년 아라비아 메카에서 유복자로 태어났다. 무함마드는 종교적으로만 아니라 군사적으로도 크게 성공했는데 이슬람교가 급격하게 팽창한 주된 이유가 세 가지가 있다. 첫째, 모든 인간은 하느님의 피조물인 한 형제자매로 동등하다는 가르침이 많은 사람들에게 설득력 있게 들렸다는 것, 둘째, 복잡한 이론이나 교리나 예식 같은 것 없이 단순명료하고 실천적 종교인 점이 대중에게 어필했다는 것, 셋째, 그 당시 비잔틴 제국이 부패하고 억압적이어서 사람들은 이슬람 군대를 침략자로 보기보다는 해방자로 보는 경향이 많았다는 점이다.

힌두교는 인도에서 발생한 종교로서 다른 종교와 달리 창시자가 없다. 즉 현존하는 세계 종교 중에 가장 오래되고 복잡한 종교라는 뜻이다. 힌두교 전통에는 세계 여러 종교에서 찾아볼 수 있는 특성이 다 포함되었다고 해도 과언이 아닐 정도로 종교적으로 다양한 요소가 공존한다. 그리고 시대에 따라 계속적으로 변화를 거듭하면서 발전해오고 있다. 힌두교는 주로 인도에 있는 종교이지만, 오늘날에 와서 발리 섬 같은 인도네시아나 말레이시아에도 있고, 특히 최근에는 인도인이 영국이나 북아메리카로 많이 이민을 가므로 서양에서도 많이 믿고 있다.

개인과 사회에 봉사, 헌신하는 종교

불교는 동남아시아와 동북아시아에 있는 대부분의 나라에서 가장 중요한 종교이다. 베트남, 라오스 미얀마, 타이 등은 말할 것도 없고, 중국은 옛날부터 지금까지 불교가 가장 중요한 종교로 내려오고 있다. 우리나라도 삼국시대와 고려시대에 불교가 국교였다가 조선시대에 유교에 그 자리를 내주었지만, 민간에서는 불교가 계속 중요한 종교로 이어져 왔고 현재는 그리스도와 더불어 종교의 양대산맥을 이루고 있다. 불교는 붓다(Buddha, BC 563~AD 483)에 의해 창시되었다. 오늘날에 와서 불교는 서양에서 크게 주목받는 종교가 되었다. 쇼펜하우어, 니체 등 많은 서양 철학자들이 불교에 심취하고 불교를 연구했다. 특히 2차 세계대전 이후 동서양의 접촉이 잦아지면서 평화주의적 태도나 참선처럼 깨달음을 강조하는 입장에 호감을 가진 서양 사람 중 불교에 관심을 갖기 시작했다. 그리스도교 서양인만의 종교가 아니듯 불교도 동양인만의 종교가 아닌 것이다.

이 밖에도 무수히 많은 종교 활동이 이루어지고 있다. 이처럼 다양한 종교가 존재하고 있다는 것을 인식하고 타 종교에 대한 편견과 배타적 인식을 버리고 진리 앞에서 좀 더 겸허해야 하겠다. 우리 모두는 개개인과 우리 사회와 인류의 번영을 위해 타 종교에 대해 없어서는 안 될, 같이 가야 할 '동행자', '협력자'로 생각하고 사랑과 정의와 질서와 평등의 세계 구현에 힘을 합쳐야 할 것이다.

종교가
가져다주는
본질적 역할

우리 사회에는 종교 생활을 하는 사람들도 있고 종교 활동을 하지 않고 살아가는 사람들도 있다. 종교 생활을 하고 안하고는 개개인의 선택의 문제이며 종교생활을 한다고 다 좋은 것도, 하지 않는다고 다 나쁜 것도 아닐 것이다. 하지만 어떤 종교 생활을 하든지 종교 활동에는 여러 가지 긍정적인 면이 많다는 사실을 알게 된다.

종교의 순기능을 몇 가지를 제시해본다.

첫째, 모든 종교는 우리가 어디에서 왔는지에 대해서 과학보다 나은 답을 주지는 못하나 모든 종교는 죽음이 끝이 아니고 어디로 가야 하는지에 대한 가장 멋진 대답을 줌으로써 인간의 가장 원초적이며 강력한 죽음에 대한 불안에서 벗어나게 해 준다.

둘째, 위험에 처했을 때, 외롭거나 두려울 때, 평안과 휴식, 죄를 지어 힘들 때, 근심이 많을 때, 괴로움과 위기상황에 처했을 때, 삶에 의욕이 저하되고 낙심해 있을 때와 같이 사람들이 고통스럽거나 절망적

개인과 사회에 봉사, 헌신하는 종교

인 상황에서 삶의 위로가 되며 삶의 동기부여 및 삶의 활력소를 제공해 준다. 또한 함께 하는 사람들끼리의 협력과 공동 재능 개발이 가능하게 해 준다. 단적으로 사람들이 고통스럽거나 삶에 회의를 느낀다거나, 삶이 힘들고 답답할 때 종교를 찾게 되는 이유가 그것일 것이다. 즉 개개인의 인생의 행복을 증진시키는 데 크게 기여한다.

셋째, 탐욕으로 찌든 인간의 마음을 정화시켜 참다운 인간성을 회복시켜 주는 역할을 함으로서 사회가 안정적이고 평화롭게 유지될 수 있도록 해 준다.

넷째, 과학자들을 비롯한 학자들이 아무리 머리를 싸매고 연구를 하고, 학문이 어떤 가상의 최대치로 발전을 한다고 해도 인간이 도저히 답할 수 없는 부분에 대한 답을 제공해 준다.

물론 세상만사 순기능이 있으면 역기능이 반드시 있기 마련이다. 종교가 조직을 갖추게 되면 돈과 권력으로 인해 교만해지며 본분을 잃고 사회적 문제를 야기하기도 하지만 본질적으로 종교는 사랑을 나누고 서로 위로하며 미래의 희망을 안고 어려움을 이겨내는 데 많은 기여를 하고 있다.

내 종교만이
전부는
아니다

종교는 역사와 문화와 함께 이해되어야 하다 보니 종교 또한 역사와 문화의 진화에 따라 조금씩 진화되어 오고 있다. 오래된 종래까지의 신념체계를 마치 금판에 아로새겨진 만고불변의 진리 그 자체나 되는 것처럼 생각하고 있는 한, 안타깝게도 그것은 새로운 시대에 사는 우리에게 거의 무의미한 구시대의 유물로 퇴락할 수밖에 없을 것이다.

아직도 내 종교만이 전부이고 타 종교는 무조건 없어져야 할 대상이라고 여기는 종교인이 있다는 것은 참으로 안타까운 일이다.

믿음이라고 하여 모두 같은 것은 아니다. 유치하고 치졸한 믿음, 쓸데없이 우리를 속박하는 믿음이 있는가 하면, 성숙하고 건전한 믿음, 우리 모두를 신나게 하고 자유스럽게 하는 믿음이 있다. 종교란 옳고 그름의 문제이기 전에 믿음의 문제라고 했다.

유치원 아이들이라면 누구나 우리 아빠기 최고라는 믿음을 가지고 있다. 만약 "엄마, 우리 아빠가 최고지?"라는 물음에 엄마는 과연 무

개인과 사회에 봉사, 헌신하는 종교

슨 대답을 할까? 아마도 정상적인 엄마라면, "그럼, 아빠가 최고지."라고 어린아이가 자신감과 확신을 갖도록 도와줄 것이다. 아이들은 어느 시점까지 이런 확신을 가지고 하루하루를 당당히 살아가게 된다. 이때의 아이들은 자기에게는 하나밖에 없는 아빠로서, 자기의 사정을 가장 잘 알아주고, 자기를 위한 일이라면 어느 누구보다 먼저 도움의 손길을 주는 슈퍼맨처럼 느끼게 되는 것이다. 하지만 점차 성장하면서 객관적으로 아빠보다 훌륭한 사람들이 존재한다는 사실에 웃음을 짓게 된다. 주관적으로 보면 자식으로서 부모가 최고라고 생각하는 것은 아름다운 모습이겠지만 만약 아이가 성장해서도 우리 아빠가 최고라는 믿음을 불변의 진리처럼 여기고 한평생을 살아가면 어찌 되겠는가? 그리고 주변 사람들에게 '우리 아빠가 최고'라며 집집을 방문하거나 거리, 지하철에서 큰소리로 외치며 타인에게 강요하는 삶을 산다면 어찌 되겠는가? 물론 좀 극단적 예이고 실생활에서는 거의 일어나지 않지만, 놀랍게도 종교생활에서는 너무나도 흔한 일이다.

종교학의 대가인 오강남 박사의 『예수는 없다』라는 책에서 매우 명쾌하고 쉽게 비유해 놓은 내용을 통해 내 종교가 전부는 아니라는 것을 말하고 싶다.

개라면 허스키 한 종밖에 없는 캐나다의 어느 외딴 마을이 있었다. 그 마을에는 개라면 눈썰매를 끄는 허스키라는 개밖에 없었다. 그 마을에 사는 사람들이 '개' 하면 떠올리는 것이 회색 털, 반 미터 정도의 키, 우뚝 솟은 귀, 뾰족하게 튀어나온 입, 늑대 같은 짖음 등이다. 그들은 개라면 무조건 허스키를 생각하는 것이다.

그러다가 관광객이 들어오고 외지의 사람들이 이주하면서 중국 원산의 페키니즈와 라사 압소의 교배로 얻어진 티베트의 개 시추(Shih Tzu) 한 마리를 데리고 왔다. 갈색 털에 손 안에 들어올 만큼 작은 몸집, 귀는 척 늘어졌고, 긴 털이 온통 얼굴을 가리고 있으며, 입은 몽땅하고, 짖는 것도 캥캥 하는 소리뿐이다.

마을 사람들은 이 개를 놓고 개냐, 아니냐 하고 토의하기 시작한다. 몇몇 사람은 이것도 우리가 알고 있는 허스키와 기본적으로 같은 특성이 있으므로 개로 인정해야 한다고 주장하는 반면, 다른 대부분의 사람은 이렇게 요상하게 생긴 짐승을 개로 인정하는 것은 우리가 지금껏 사랑하던 허스키에 대한 모독이므로 절대로 받아들일 수 없다고 주장한다.

시간이 더 흘러 이 마을에도 스탠더드 슈나이저, 그레이하운드, 셰퍼드, 치와와, 진돗개 등 여러 종류의 개들이 들어오기 시작했다. 점점 많은 사람들이 개의 종류는 한두 가지가 아니라는 것을 알게 되고, 기호에 따라 개를 골라 키우며, 자신들의 '개 경험'을 더욱 풍요롭게 한다.

아직도 허스키만 개라는 믿음을 굳게 지켜야 한다고 믿는 사람은 모든 개를 개로 여기는 사람들의 '타락상'을 안타까운 눈으로 바라보게 된다. 그중 더러는 적극적으로 다른 모든 개와 그런 개를 인정하는 사람들을 쫓아내는 것만이 허스키에 대한 그들의 충성심을 입증하는 것이라 생각하기까지 한다.

그런데 얼마 후부터는 그 허스키 충성파 사이에서조차 분쟁이 생겼다. 누구의 허스키가 순종 허스키냐 하는 논쟁이 생긴 것이다. 그 마

개인과 사회에 봉사, 헌신하는 종교

을의 허스키 중에 눈 위에 흰 점이 박힌 것만이 순종 허스키요, 그것과 다르게 생긴 개는 모두 허스키가 아니라는 것이다.

이런 극진한 순종 허스키 충성파 몇몇이 한국에 와서 한국의 똥개는 개가 아니라는 것은 말할 것도 없고, 진돗개처럼 허스키 비슷하게 생긴 개도 진짜 개가 아니라고 주장했다. 처음에 몇 사람이 그들의 말을 믿기 시작하더니 얼마간의 시간이 지나자 어처구니없게도 그 캐나다의 외딴 마을 사람들보다 한국 사람들 사이에 허스키만이 개라고 주장하는 사람의 숫자가 훨씬 더 많아지게 되었다.

그러다가 한국에서 허스키에 대한 관심이 깊은 두 젊은이가 이 문제를 본격적으로 연구하겠다고 허스키의 본고장인 캐나다 그 마을로 유학을 갔다. 가서 보니 놀랍게도 그 마을에서는 이미 허스키만 개라는 생각이 강하지 않았다. 한 젊은이는 허스키만 개라고 믿었던 자기들의 믿음이 사실 근거도 없고 필요도 없는 것임을 깨닫게 되었지만 다른 젊은이는 이 마을이 타락해서 아름다운 허스키 전통에서 멀어져도 한참 멀어졌구나 하고 개탄한다.

둘은 다시 한국으로 귀국해서 각자가 보고 들은 것을 말했다. 그러나 어처구니없게도 허스키만이 개가 아니라고 주장한 젊은이는 이단이라 하여 쫓겨나고, 특정 허스키만이 개라고 말한 젊은이야말로 배울 것을 잘 배워왔다고 떠받들어졌다. 그리하여 한국에서만 특정 허스키만 진짜 개라는 생각이 더욱 굳어지고 더욱 널리 퍼지게 되었다.

물론 이 이야기를 읽고서 말도 되지 않는다며 반발하는 사람들이 많겠지만 이것이 우리 사회를 대표하는 종교 생활을 하는 사람들의 모습임에 씁쓸한 미소를 짓게 된다.

인류학자의 말에 의하면 인간이든 짐승이든 '순종'이란 있을 수 없다고 한다. 정도의 차이는 있지만 모두가 서로 섞여서 된 잡종이라는 것이다.

종교사나 사상사에서는 '융합(fusion)이란 말을 사용한다. 종교도 살아 있는 종교라면 다른 모든 살아있는 유기체와 마찬가지로 서로 관계를 가지면서 자라나고 변화하는 것이다.

우리가 어느 종교를 갖게 되는 것도 나의 의지와 상관이 없는 경우가 거의 대부분이다. 내가 만약 인도에서 태어났으면 힌두교인이 되었을 것이며, 이란에서 태어났으면 이슬람교인이 되었을 것이고, 독일에서 태어났으면 개신교인이 되었을 것이다. 자기가 그곳에서 태어나서 그 종교인이 되었다는 사실 하나로 그 종교가 무조건 절대적으로 우월하다고 주장하는 것은 내가 백인으로 태어났기 때문에 무조건 백인이 우월하다고 주장하는 미국 남부 KKK(Ku Klux, Klan의 약자로 모임, 단체를 뜻하는 그리스어 'Kyklos'와 가족을 뜻하는 'clan'을 'Klan'으로 바꿔 합성한 단어로 앞의 K자 세 개를 따서 만듦) 단원들의 태도와 별반 다를 것이 없는 것이라 할 수 있다.

개인과 사회에 봉사, 헌신하는 종교

종교의 본질은
개인과 사회에
헌신하는 것이다

현대 우리 사회는 다양한 종교가 함께 하고 있다. 거리를 걷다 보면 많은 교회와 성당, 사찰, 철학관 들을 만날 수가 있다. 이것은 우리 사회가 다 종교를 포용하고 있음을 실증적으로 말해주고 있다. 아니 오히려 우리나라에 와서 종교가 꽃을 피운다고 해도 무방할 것이다. 한국 사회는 세계 4대 고전 문화권으로부터 전해진 모든 종교가 우리 문화 속에 들어와 공존하고 있고 다종교 상황이 반세기를 지나고 있는데도 심각한 종교 간의 대립문제는 발생하고 있지는 않다. 이와 관련하여 어떤 이는 나름대로 '한국 종교인의 윤리관은 유교적이고, 인생관은 불교적이며, 행동 철학은 기독교적이고, 숙명관은 무속적이다.'라고 이야기한다.

물론 일부 기독교인들 중에 2010년 봉은사, 동화사의 땅 밟기 동영상으로 종교 간 분쟁을 야기하며 2011년 미얀마 법당 땅 밟기에 이어 2014년 불교의 발원지이자 인도의 성지인 세계문화유산 부다가야 마

하보디에서 찬송가를 부르고 땅 밟기 기도를 하는 옳지 않은 공격적 행위를 하는 사람도 있다. 이렇듯 외교적 문제, 국제적 사건으로 비화될 위험까지 드러낸 사건도 있었지만 여전히 우리 사회는 '개방적 다원주의 사회'를 이뤄가고 있다.

사람 사는 사회에서 지켜야 할 예절 상식을 짓밟는 종교의 근본주의, 배타주의가 일반 사회 전반에 스며들까 걱정된다. 자신의 종교가 유일하게 옳다는 믿음 자체가 타인과 세상을 비극으로 몰고 가기도 한다. 십자군 전쟁, 마녀사냥, 위그노 전쟁 등 수백 차례의 종교전쟁의 역사가 이를 증명해 주고 있다. 전통과 문자적 교리준수를 통한 이슬람 근본주의자들의 지하드, 무장단체의 테러 등도 이어지고 있다. 근본주의를 경계해야 할 이유이다.

세상의 화합과 평화를 가꾸는 것, 개인과 사회에 대한 헌신이 종교의 본질이다. 모든 종교가 추구하는 보편적 가치를 타 종교에서도 발견할 수 있다. 포스트모던시대에 가장 두드러진 특징인 다원주의적 시대에 자기와 다른 여러 견해, 여러 주장의 상대적 타당성을 인정하지 못하고 나만이 진리이고 정의롭다는 독선적이고 배타적인 근본주의로는 화합과 평화를 이룰 수 없다. 이는 정신적·물질적 폭력이 될 뿐이다. 남을 가르치는 것이 종교가 아니다. 믿지 않은 사람까지도 포용해 화합과 평화를 이루어내고 개인과 사회에 대한 헌신과 봉사가 종교의 참된 자세이자 우리 종교가 가야 할 올바른 방향인 것이다.

이제 종교 간의 관계는 '적자생존'에서 '협력자 생존'의 관계로 한층 발전시켜나가야 한다. 정치적 억압, 경제적 불의, 도덕적 쇠퇴, 생태계

개인과 사회에 봉사, 헌신하는 종교

파괴 등 현재 인류가 당면하고 있는 여러 위기 앞에서, 모든 종교가 서로 자기만 옳다는 독선적 아집이나 환상에서 벗어나, 서로 협력하여 현시대의 난국에 공동으로 대처하는 아름다운 지혜를 발휘해야 한다.

종교 간의 관계를 규정하는 기본 패러다임이 옛날처럼 누가 옳고 그르냐, 누가 낫고 못하냐, 누가 좋고 나쁘냐 등의 진위, 우열, 선악 따위를 가지고 시비하는 것에서 벗어나, 서로 도와 가며 어떻게 '함께 생각하고', '함께 일하며 만들고', '조화롭게 어울려 발전할 수 있을까' 하는 것으로 전환되어야 한다.

물론 종교 간의 대화를 증진시키고 갈등을 해소하고, 협력관계를 증진한다고 해서 모든 종교를 하나로 만들자는 것은 아니다. 그것은 들판의 모든 꽃을 하나로 만들자고 하는 것처럼 무모하고 어리석은 짓이다. 각 종교는 자기대로의 특성을 유지하면서 시대의 흐름에 맞춰 변화해 나가면서 인류의 발전에 기여해야 하는 것이 가장 바람직하다.

종교적인 것을 떠나 이제 모든 종교는 종교 다원주의 원칙을 실생활에 적용하여, 다 함께 세상과 세상에 사는 사람이 당면하고 있는 여러 가지 문제와 아픔을 해결하는 데 힘을 합해야 할 것이다. 또 인간이 당하는 고통뿐만 아니라 지구 자체 그리고 거기 있는 모든 것이 겪고 있는 고통도 함께 고려해야 한다.

멈추지 않는 대한민국,
전 국민이 행복한 새로운 내일은 꼭 오리라

'전 국민의 행복시대를 향한 출발은 이미 시작되었다.'

저희가 국민의 행복한 삶을 위한 간절한 열망으로 책을 준비하고 있을 때 이미 각 분야별로 많은 훌륭하신 분들도 전 국민의 행복을 위해 노력하고 있을 것이라고 생각합니다.

이 책을 한 구절로 정의한다면 '대한민국 모든 국민들의 행복시대를 여는 미래로 가는 긍정적 나침반'이라고 할 수 있습니다. 그야말로 전 국민이 행복한 삶을 추구할 수 있도록, 국민의 삶에 직·간접적인 영향을 미치는 요소들에서 국민의 행복을 높일 수 있는 현실적인 방향을 다루고 있기 때문입니다.

많지 않은 분량이지만, 복잡하고 어려운 현실의 중심에서 효율적이며 지극히 현실성을 갖춘 국민들의 행복설계를 위한 올바른 방법과 방향을 제시하고자 했습니다.

이 책을 통해 국민의 행복이 얼마나 소중한 것이며, 모든 국민의 삶

국가의 존재 이유는 무엇인가

의 영향을 주는 요소들이 얼마나 우리 국민의 행복에 영향을 미치고 있는가를 깨우치고, 행복을 위해 국민 개개인이 어떻게 살아가야 할지에 대해 되돌아보게 되었다면 더 바랄 것이 없겠습니다.

책을 쓰면서 다시 국민으로서 어떻게 살아가야 할지 심도 있게 재정립해볼 수 있는 귀중한 기회도 갖게 되었으며, 무엇보다도 얼마나 아름답고 은혜로운 나라에 살고 있는가를 실감하게 되었습니다.

아울러 전 국민이 행복한 대한민국을 향한 긍정적 나침반이 되고 싶다는 오랜 꿈을 이룩하게 되어 인생에서 가장 큰 보람을 느꼈습니다.

지난 몇 년 동안 이 책이 나오기까지 결코 쉽지 않은 작업이었습니다. 게다가 하지만 어느 순간에도 한 번도 의심하지 않았던 생각은 그래도 우리 국민은 참 행복한 사람들이라는 것입니다. 적어도 풍요롭고 자유로운 이 시대를 살아가는 우리 국민들은 매우 행복한 사람들이라는 것을 어느 한순간도 잊어본 적이 없습니다.

대한민국 모든 국민들은 행복해질 권리와 자유를 가지고 있으며, 행복해야 할 이유를 가지고 있습니다. 단지 지금까지 그 사실을 인식하지 않았거나 그냥 지나쳤을 뿐입니다. 이 책의 핵심이 바로 그것입니다. 이 책이 모든 국민들이 가진 행복을 재발견하고 키워갈 수 있도록, 미래지향적인 방향을 제시해 줄 계기가 되었으면 좋겠습니다.

대한민국의 모든 이들이 행복한 그날을 위해…

행복 컨설턴트 권문규·천영선